DU MÊME AUTEUR

Aux Éditions Gallimard

BILLE EN TÊTE, *roman* (Prix du Premier Roman 1986).

LE ZÈBRE, *roman* (Prix Femina 1988).

LE PETIT SAUVAGE, *roman.*

L'ÎLE DES GAUCHERS, *roman.*

Aux Éditions Gallimard Jeunesse

CYBERMAMAN.

Aux Éditions Flammarion

FANFAN, *roman* (repris en « Folio », n° 2373)

ALEXANDRE JARDIN

LE ZUBIAL

GALLIMARD

À ma mère, sa femme.

La vraie vie est absente. Nous ne sommes pas au monde.

ARTHUR RIMBAUD

Le jour où mon père est mort, la réalité a cessé de me passionner. J'avais quinze ans, je m'en remets à peine. Lui seul avait le pouvoir de me relier à la vie en la rendant aussi électrique que dans les bons livres. Avec cet homme que j'ai aimé plus que tout, exister était une fête. Toujours occupé à vivre l'essentiel, même et surtout lorsqu'il feignait d'être léger, il m'entraînait sans cesse sur les toboggans de son quotidien turbulent. Être en vie était pour lui synonyme de s'exposer totalement, de clamer sa vérité, sans la couper de précautions ; jamais il ne se protégea de ses appétits. Quand d'autres renoncent à une part d'eux-mêmes pour s'acclimater sur cette Terre, lui était paniqué à l'idée de s'amputer d'un gramme de sa nature si riche en contradictions. Et Dieu sait que les envies les plus opposées naissaient et fermentaient dans son cerveau énorme, obèse de folies !

Mais ses désirs à lui, toujours immodérés, avaient le pouvoir de tordre le réel. Souvent, après avoir parlé, au restaurant ou ailleurs, il laissait l'assistance interloquée tant les situations qu'il provoquait semblaient tenir de la fiction. En sa compagnie, tout pouvait arriver, le pire et surtout le meilleur. Désirait-il une femme mariée ? Il escaladait le soir même la façade de la demeure conjugale, en riant, pour pénétrer dans la chambre de la dame en pleine nuit, sans craindre d'affronter l'époux. Cette perspective comportait assez de nuances de danger pour l'exalter. Quand personne ne savait quelle conduite adopter, mon père se sentait alors lui-même.

Voulait-il me faire sentir le prix de chaque minute ? Il stoppait net sa voiture en rase campagne, signait un chèque en blanc et courait le glisser entre les feuilles du bottin d'une cabine téléphonique ; puis il revenait le sourire aux lèvres et redémarrait en me confiant avec jubilation :

— Si quelqu'un trouve ce chèque, nous sommes ruinés ! Aujourd'hui, demain, dans huit jours, ou dans cinq ans... Alors maintenant, vivons !

— Mais papa, on ne peut pas faire ça, ce n'est pas possible ! disais-je un peu affolé, du haut de mes dix ans.

— Si, mon chéri, me répondait-il, puisque nous le faisons.

Et son sourire m'apaisait, rassuré qu'il était de se trouver à nouveau en péril. Mon père avait le défaut, ou la qualité, je ne sais, de ne se sentir vraiment à l'aise que sur les cordes raides. C'était son confort à lui, bien particulier je le concède ; et finalement assez peu commode pour son entourage. Mais qu'importe ! Pour

14

moi, il était tour à tour mon clown, Hamlet, d'Artagnan, Mickey et mon trapéziste préféré.

Enfant, je me sentais à ses côtés comme exonéré de toutes les peurs qui ligotent le genre humain. Le quotidien, continûment bousculé par sa vitalité exorbitante, avait tantôt des airs de roman de Dumas père, tantôt l'allure d'un chapitre de Musset.

Chez nous, certains soirs, les huissiers dépêchés par le fisc succédaient aux starlettes en visite, aux ministres venus jouer au poker avec quelques écrivains usés, ou à un Jacques Brel exténué par le cancer qui livrait ses dernières paroles. Ces soirs-là, mon père sortait de temps à autre une winchester et tirait de vrais coups de feu par la fenêtre, dans les volets du voisin effrayé, pour faire croire à tout le monde que nous étions dans un véritable film ! Puis il reprenait les cartes, perdait un million de francs — qu'il ne possédait pas, bien entendu, sinon à quoi bon le perdre ? —, se ruait le lendemain chez un producteur de cinéma afin de signer un film qui serait joué par de Funès, histoire d'apurer les comptes de sa nuit. Au passage, en sortant, il montait à l'étage du dessus, dans les appartements du producteur, pour y faire un peu l'amour avec sa femme, de façon impromptue ; c'était sa façon à lui de toucher les intérêts de la somme dont il ne jouirait jamais. Puis il m'emmenait au magasin de jouets Le Nain Bleu, rue Saint-Honoré, où nous achetions un véritable bison empaillé pour ma mère, avant d'assister à un concert d'orgues à Notre-Dame en mangeant des glaces. Avec lui, rien n'était impossible, surtout ce qui l'était. Cet incompris, d'une liberté à peine concevable, totalement subversif, avait le talent de vivre l'invivable. L'improbable était son ordinaire, le contradictoire son domaine.

Terminait-il d'écrire le scénario du *Chat*, le film grave et fort de Granier-Deferre qui allait devenir beaucoup plus tard un classique ? Aussitôt il se mettait à fignoler les dialogues frivoles d'un épisode d'*Angélique, Marquise des Anges* en mettant dans la bouche de Michèle Mercier des passages entiers des *Mémoires de guerre* de Charles de Gaulle ! Le mélange des genres ? Non, seulement l'expression de son ironie, de ses fringales multiples et d'une liberté affolante que ses contemporains ont si mal saisie. Peu d'hommes ont, je crois, flirté d'aussi près avec la totalité de leurs aspirations, de leurs contradictions, et pris le risque d'exister avec une telle insolence !

Alors, quand il s'est éteint le 30 juillet 1980, à quarante-six ans, il avait peut-être vécu plusieurs destinées, écrit plus de cent films, publié six livres rares, usé quatre-vingt-sept voitures et laissé plusieurs millions de dettes fiscales, je m'en fichais pas mal. Je me suis surtout senti très seul, horriblement seul, devant sa croix.

Finis les rires, les sublimes mensonges qui prêtaient à la réalité la fantaisie qui lui faisait défaut ! Les coups de feu qu'on tirait par les fenêtres le samedi soir ! Terminées les équipées dans des maisons très closes où de vieilles et tendres putains me parlaient avec ferveur des chagrins des hommes et de la beauté des rêves des femmes ! Je venais de perdre la seule grande personne qui eût mon âge, le seul adulte qui fût disposé à croire en toutes mes folies. L'univers me semblait soudain peuplé d'empaillés, d'automates ennemis des belles imprudences. L'enchanteur me laissait seul, cerné par un réel soumis aux lois du raisonnable, avec pour tout héritage cinquante-deux paires de chaussures trop grandes. À quinze ans, je n'avais pas atteint sa taille, et mes pieds en retard ne me permettaient pas encore de marcher sur ses traces.

Quelque chose en moi s'est alors raidi. Mon rire s'est modifié pour devenir cette sorte de douleur rentrée qui ne m'a plus quitté. Je me suis fâché avec la réalité, cette mauvaise farce qui me paraissait inacceptable quand il ne l'améliorait plus. J'allais devenir un fils à papa sans papa et, tout à coup, me mettre à haïr mes penchants vers les dérèglements qui sont si familiers aux Jardin. Vivre en s'exposant commença de me terrifier. L'Alexandre furieusement heureux que j'avais été, le fils de Pascal, fut mis en terre en même temps que le corps de son père.

Au mois de mai 1996, une indiscrétion acheva de me rendre à moi-même, à mon hérédité. J'appris avec stupeur que presque toutes les femmes qui avaient aimé mon père assistaient chaque année à une messe dite à sa mémoire, à Paris. Cette étrange cérémonie avait lieu le jour anniversaire de sa mort, en l'église Sainte-Clotilde. À l'insu de leur mari ou amant, quittant leurs jalousies d'antan, elles se réunissaient en secret depuis seize ans pour le remercier d'avoir existé, ou du moins poursuivre le dialogue qu'elles avaient entamé avec ce grand vivant quand il l'était encore. Cette nouvelle me bouleversa. Qui était donc cet homme qui pouvait rassembler seize ans après son effacement les femmes qu'il avait connues ? Quelle sorte d'amant avait-il été ? Que leur avait-il fait ou dit ? Et pourquoi ce mystère ? Pourquoi se retrouvaient-elles uniquement entre femmes ? Existait-il donc une façon d'aimer qui marquait si vivement le cœur ? Un amour vraiment plus fort que la mort ?

Le 30 juillet, je me rendis avec une vague frayeur à l'église Sainte-Clotilde ; et, tandis que je poussais la porte, j'entendis la voix frêle d'un prêtre qui prononçait son nom : Pascal Jardin... Je ne pouvais plus fuir. D'un pas furtif, je m'avançais, dissimulé derrière les colonnes quand, soudain, j'aperçus ses amantes ; elles formaient une petite cohorte autour de ma mère qui se trouvait au centre. Il y avait là une trentaine de femmes dont je tairai le nom. Beaucoup étaient célèbres, ou l'avaient été ; je ne les connaissais pas toutes. Je m'étonnais même que certaines fussent du nombre. Près des orgues, au-dessus de moi, une choriste chantait le *Stabat Mater* de Pergolèse. Alors, sans que je sache trop pourquoi, des larmes me montèrent aux yeux, celles-là mêmes qui avaient coulé sur mes joues dans cette église l'été de mes quinze ans. Ce n'étaient pas mes yeux qui se mouillaient mais ceux du très jeune homme que je fus. Ce n'était pas moi qui sanglotais mais bien lui, ce fils de Pascal qui s'était senti si seul à sa mort, si seul. À en crever. D'ailleurs il en avait crevé.

Petit à petit, dans la vision embuée que j'avais de la scène, je m'aperçus qu'elles pleuraient aussi, ces femmes, pas toutes mais la plupart. Que pleuraientelles ? Les souffrances qu'il leur avait infligées ? Leur désarroi d'avoir été quittées pour de bon par cet homme qui leur avait fait voir la vraie couleur de l'amour, et de la vie ? Ou étais-je en train de fabuler ? Mais enfin, elles étaient bien là, avec leur chagrin qui remplissait leurs mouchoirs. Et je les voyais soudain comme des fleurs coupées, inaptes au repiquage, ces femmes qui, pour lui, étaient jadis redevenues des esquisses afin qu'il puisse les terminer, et si souvent les achever.

Lorsque ma crue de larmes fut passée, je les observai une à une, cherchant à lire la trace qu'il avait pu laisser sur chacune d'entre elles. Je restais bien en arrière, à l'abri d'une colonne, de crainte d'être aperçu. Ma physionomie dénonce trop fortement ma filiation ; mon regard même trahit de qui je suis le fils. Aucune ne semblait avoir le moindre point commun. Il y en avait des grandes, des rêveuses, des brisées, des radieuses, des provinciales, des pas du tout belles à présent, tout un peuple féminin qui disait les multiples visages de mon père. Seule ma mère, au centre, semblait les fédérer.

Alors survint un incident qui allait déterminer ma vie. La choriste qui se trouvait au-dessus de moi, près des grandes orgues, laissa tomber le cahier de son livret sur le dallage du rez-de-chaussée. Le vacarme fut tel dans l'église que presque tout le monde tourna la tête dans ma direction. Un murmure monta de cette assemblée de maîtresses. Je fus reconnu, désigné par ce bruit. Mon regard croisa brièvement celui de ma mère. Une gêne immense gagna les rangs. C'était mon père qu'elles voyaient en moi. Pris de vertige, je n'eus pas le courage de m'excuser, ou d'avancer une explication ; je reculai, encore et encore, jusqu'à ce que je sois hors de la basilique. Sur le parvis, il me sembla tout à coup que son sang coulait dans mes veines, que j'étais terriblement lui, en tout cas plus que je n'avais jamais accepté de l'être. Seize années de fuite venaient de se clore, brutalement.

Oui, j'étais bien le fils de cet homme que mes frères et moi appelions autrefois le *Zubial* ; c'était son nom de père, comme d'autres ont un nom de scène. Il fut inventé par Emmanuel, mon frère aîné, et repris par la fratrie. Le surnom est chez les Jardin une habitude, un tic tribal, tant il nous a toujours paru nécessaire de donner un nom qui soit vraiment propre aux individus singuliers de notre famille.

Soudain, sur ce parvis ensoleillé, je me suis senti le droit d'écrire sur le Zubial, de ne plus étouffer ce livre que je bouture depuis mes quinze ans sur l'arbre de mes chagrins, ce livre que j'ai commencé dès que son corps fut froid, peut-être pour le retenir, ce livre qui me fit découvrir que l'écriture serait pour moi fille de son absence, ce livre que je n'ai pas osé publier en premier parce que lui avait déjà tant écrit sur son propre père, ce livre sur ce désespéré follement gai qui fut l'un des plus surprenants amants de ce siècle, sur ce drôle de zèbre qui hante tous mes romans. Je me le gardais aussi par-devers moi comme une jouissance en réserve, douloureuse mais fabuleuse ; car je savais que ce récit sur le bruit de son existence ne serait pas un recueil de souvenirs mais un livre de retrouvailles. Ce n'est pas une nuance, c'est une différence qui me remplit de vie à mesure que j'écris ces lignes. Et s'il m'arrive de pleurer en l'écrivant, ce sera aussi de joie. Mon père est mort, vive le Zubial!

J'ai dix ans ; je dîne à une table d'enfants, chez des relations de mes parents, quand l'effet de souffle des propos de mon père fige la table des adultes qui jouxte la nôtre. Nous dressons l'oreille. J'entends alors le Zubial qui annonce à son hôte — un producteur de cinéma — qu'il s'ennuie et se sent dans l'obligation d'évacuer les lieux, sous peine de ne pas se respecter.

Effaré, le maître de maison se fend d'un sourire jaune qui froisse sa physionomie, veut croire en une plaisanterie, risque une saillie pour tenter de placer les rieurs de son côté. Courtois, les invités le paient d'un demi-sourire. Mon père s'excuse, prie tout le monde de ne voir aucune provocation dans son inconduite et, enfin, confesse sa gêne, sa honte même de participer à cette assemblée de menteurs sans joie.

— De menteurs ? reprend la maîtresse de maison, heurtée.

— Oui.

À ma table, les enfants ne perdent rien de ce qui va

suivre. Pour la première fois, ils vont voir une grande personne dire la vérité, toute sa vérité.

Profitant de l'émoi des convives, le Zubial se lance alors dans une hallucinante reconstitution de la soirée ; il dépeint ce qu'il a vu et entendu derrière ce qui se disait, au-delà du gazouillis des politesses et du miel des gentillesses. Tout y passe ! Le désir sulfureux de la maîtresse de maison pour un jeune avocaillon équivoque qui se défend avec si peu d'ardeur qu'on n'aimerait pas être son client, les relations névrotiques du maître de maison avec sa perfide maman, les regards obliques et éloquents d'un agent de cinéma sur ma mère, et enfin les intérêts financiers qui gouvernent cette assemblée où tout le monde vit du talent des autres.

Ce jeu terrible de la vérité dure un quart d'heure, quinze minutes vertigineuses au terme desquelles chacun se retrouve plus nu que nu, déstructuré. Et je vois ma mère décomposée, elle aussi, qui tente de faire taire ce demi-fou qui lève les voiles comme on tire des tapis, sans y prendre garde, gourmand qu'il est des cascades des Marx Brothers.

Ce moment faramineux m'est resté comme un pic d'héroïsme et d'inconscience. Soudain j'ai vu en mon père un héros moderne, un chevalier luttant contre les dragons de la fausseté, de la triste hypocrisie. Car sa harangue était exempte de haine, dénuée de venin, portée par une jubilation sans mélange. Seule le passionnait la mise au jour, l'excavation de ces vérités qui, à force de nous éviter, nous font fuir notre sort. Et il faisait cela avec un naturel teinté d'une exquise politesse, un furieux bonheur, car il était heureux de proposer à ses hôtes de participer à cette scène inoubliable. Il leur offrait, à sa façon insolente et charmeuse, de voyager l'espace de cette soirée sur l'océan de leurs contradictions en ne refusant aucun courant, en prenant toutes leurs brises et, pourquoi pas, quelques cyclones conjugaux. Quelle fête ! Autour de moi, les gamins enchantés découvraient avec fascination le monde des adultes soudainement éclairé par cet étrange professeur d'humanité.

Quand tout fut fini, lorsque les couples furent au bord de rééditer leur voyage de noces ou de rompre séance tenante, quand il eut vidé toutes les poches de l'assistance et les doubles fonds des valises de chacun, le Zubial se tourna vers moi et mon petit frère pour nous entraîner. D'un geste, il invita notre mère à nous suivre. Elle tendit la main ; il la baisa, et nous sortîmes au beau milieu du repas.

Ce soir-là, je fus privé de dessert mais je sus très nettement que c'était comme cela que je voulais exister, avec cette liberté-là, si pleine de gaieté. Je me sentais le cœur à aimer le sort de funambule qui m'attendait, prêt à me propulser dans un destin vraiment Jardin.

Pourtant, quand cinq ans plus tard on porta le Zubial en terre, tout en moi se cabra devant ce qu'il fut. Je pris peur, comme si je craignais tout à coup que sa façon d'être ne fût mortifère. J'eus l'horrible sensation qu'il était mort non d'un vulgaire cancer mais d'avoir été lui-même avec cette intensité-là ; et cela me désespérait. Comment fallait-il donc vivre ? Puisque la destinée des grands vivants était de se fracasser jeune, sous quelle porte étroite fallait-il passer pour demeurer vivant sans mourir ? Pourquoi seuls les morts-vivants vieillissent-ils ? D'où vient cette loi terrible qui nous place devant cette alternative qui me révoltait ?

Dix-sept années après ses quarante-six ans, ces questions me hantent encore. En sortirai-je un jour ? Quitte-t-on vraiment les interrogations de son enfance ? Celles qu'il m'avait versées dans l'esprit, et peut-être dans mes gènes, n'ont pas fini de me faire craindre d'être trop moi-même, ou pas assez...

Le Zubial devint très jeune invraisemblable, tant il s'appliquait à s'évader des contraintes qui pèsent sur le genre humain. Dès l'âge de quinze ans, il s'entraîna à avoir vingt ans, à sa manière. Parti à point, il sut les perpétuer, ses vingt ans, jusqu'à ce que mort s'ensuive. Sa méthode était fort simple : ne jamais se laisser gouverner par ses propres peurs, jamais ! Toujours il dynamitait ses appréhensions, ses timidités.

À quinze ans, le Zubial sauta avec entrain dans le lit d'une amie de son père, Clara, héritière de quelques raffineries de pétrole au Havre. De cet épisode extravagant, j'ai tiré l'esquisse de mon premier roman, en assagissant les faits, de peur de n'être pas crédible, tant le jeune Pascal fut dans cette histoire une exagération chronique.

Pour fêter leur liaison scandaleuse, en 1949, mon père se fit construire par Clara une réplique du Petit Trianon, qui existe toujours, sur les rives du lac Léman. C'est là, dans ce palais helvétique, dont il fit à l'époque peindre les boiseries Louis XV au minium, couleur orange vif, qu'il mena grande vie, vêtu de vestes d'intérieur sur mesure, cousues de fils en caoutchouc, de pompes vernies en crocodile et de liquettes de chez Hilditch qu'il se faisait livrer par douzaines. Il commanda également de sublimes chiottes taillées dans des vases d'albâtre géants du XVIIIe siècle. Menuisier dans l'âme, le Zubial ébénista lui-même les lunettes en acajou mêlé de bois de santal.

En ce temps-là, ses mains étaient couvertes d'énormes bagues en or, de saphirs pharaoniques ou de diamants excessifs offerts par sa maîtresse et, pour mieux signifier à son entourage qu'il était enchanté de sa condition de gigolo très en forme, il donnait de grands dîners où il conviait les puissants de ce monde ainsi que... son propre père, Jean Jardin ! Les ministres de tout poil, les industriels les plus en vue d'Europe se pressaient pour venir voir le couple monstrueux, la Belle et son jouet. Mon grand-père s'y traînait donc, contraint par les nécessités des affaires, et en repartait mi-mortifié mi-consterné par son rejeton incontrôlable. Le Zubial, lui, exultait ! Il montrait avec fierté sa maîtresse, son initiatrice, et son gigantesque train électrique.

Il y avait alors dans ce Trianon improbable, surgi en plein XXe siècle, plus de cent mètres de voies ferrées minuscules, autour desquelles s'activait une armée de valets de chambre payés pour participer aux jeux du Zubial. Edgar Faure venait y jouer avec passion, tout en fumant les cigares du mari qui tolérait avec intelligence cet amant de poche extravagant.

L'époux préférait encore ce rival miniature à un adulte qui eût pu lui enlever sa femme.

D'où vient que les comportements délirants du Zubial n'ont jamais, ou si rarement, suscité la condamnation ou l'irritation? Ses initiatives accomplies par un autre eussent semblé celles d'une tête à claques; lui avait la grâce. Il charmait les femmes, ravissait les hommes les plus conventionnels, enchantait les athlètes du sexe et les jeunes filles érubescentes, comme si sa liberté eût consolé chacun du chagrin de se tenir soi-même en laisse. Les chefs de gare étaient contents qu'il y eût un homme capable de monter dans autant de trains à la fois. Mes copains de classe, qui déferlaient à la maison le week-end, voyaient en lui un personnage de dessin animé qui échappait aux lois de la pesanteur; il ressemblait si peu à leurs parents! Ses amis riaient de ses escapades, et se félicitaient de ne pas s'y être risqués eux aussi. Je crois qu'on le regardait comme un aventurier perpétuellement de retour de quelque odyssée improbable, une sorte de trappeur de Saint-Germain-des-Prés.

Le Zubial avait ce talent de vivre non seulement sa liberté, mais aussi celle que les autres n'osaient pas s'octroyer, de s'offrir tout en se montrant avec pudeur. Son exhibitionnisme forcené tenait plus de la générosité que du nombrilisme. L'animal payait toujours, et cher, ses loopings affectifs, ses carambolages incessants avec les administrations, la presse et tous les censeurs de notre monde d'asphyxiés. Toujours il semblait dire aux autres : je suis libre, voyez mes ailes mais voyez aussi le désespoir plein de gaieté qui me déchire le cœur, et voyez comme elles brûleront, mes ailes, en m'approchant du soleil. S'il n'eût pas autant souffert, sans doute lui en aurait-on voulu davantage.

Comme il eut l'élégance de mourir jeune, les prudents se dirent qu'ils avaient bien fait de ne pas emboîter ses faux pas. Les maris de ses maîtresses innombrables s'en trouvèrent d'abord fort satisfaits ; puis, au fil des années, les cocus déconfits s'aperçurent avec angoisse qu'il était encore plus difficile de terrasser un fantôme. Le Zubial continuait à hanter leurs épouses, leur donnait encore rendez-vous avec la vie quand eux, après dix ans de lit à deux places, s'époumonaient pour que ne meure pas leur mariage. Les grands vivants ont ceci de particulier qu'ils ne s'éteignent jamais vraiment ; toujours ils renaissent, ressuscités par les questions immortelles qu'ils soulèvent.

À trente-deux ans, je me demande encore où est le Zubial en moi. J'ai aimé, moi aussi, éperdument. Mais si lui fut un grand amant, j'ai essayé d'être un mari avec excès et éclat, pour lui ressembler, à ma façon. J'ai publié cinq romans, traduits dans vingt-trois langues, tourné deux films dont un fou furieux, incompris, qui m'a exténué, et je me sens fourbu, désemparé de courir sans lui, loin de son regard.

Pourtant, j'ai tant voulu effacer son prénom. Aujourd'hui c'est chose presque faite et, tout à coup, cela me désole, me panique même. Les moins de quarante ans croient que Jardin c'est moi, ou bientôt mon petit frère Frédéric, alors que moi je sais que c'est lui, ce foutu Zubial qui paya de son sang son idée de la vie quand moi je me contente de mijoter dans mes dérisoires réussites sans m'exposer, sans oser me risquer. Et si le temps était venu de m'insurger contre mes peurs? De réveiller mon sang Jardin? En aurai-je un jour le courage, ou resterai-je un écrivain ou, pire, un metteur en scène? Lui était bien plus que cela. Son existence zubialesque fut son chef-d'œuvre.

Verdelot. Ce nom magique est celui de la maison du Zubial, haut lieu de ses folies. Il prétendit toujours avoir offert ce prieuré du xvᵉ siècle à ma mère et fit même venir une équipe de télévision pour le clamer haut et fort, alors que l'acte de vente et le chèque venaient d'être signés par l'un de ses rivaux !

À l'époque, au début des années soixante-dix, le Zubial avait organisé autour de ma mère, l'une des plus jolies femmes d'Europe, un ballet de prétendants, chargés de raviver leur histoire d'amour si pleine de déraison. Ces liaisons très dangereuses, qu'il tentait de contrôler après les avoir suscitées, avaient aussi la vertu de le plonger dans un solide désespoir qu'il jugeait nécessaire pour alimenter sa prose ; c'est du moins ce qu'il prétendait.

Le véritable acheteur de Verdelot avait cru marquer un point décisif dans la compétition amoureuse qui l'opposait au Zubial en offrant cette demeure à ma mère ; mais l'affaire faillit lui coûter la vie. Ivre d'amour, l'imprudent avait siphonné en douce quelques millions sur les comptes en Suisse d'une grande star française de cinéma, laquelle n'avait pas trouvé la plaisanterie très à son goût. Un contrat avait été pris sur sa tête ; il en réchappa à la suite de sombres tractations avec la pègre marseillaise. En ce temps-là, la beauté de ma mère allumait des guerres. Mais le véritable coupable était le Zubial ; c'était bien son naturel excessif qui provoquait une telle flambée des enchères pour séduire sa femme.

À Verdelot, donc, mon père aima ma mère, à sa façon périlleuse, sans filet. Jamais il ne se crut propriétaire de cette femme étonnante, à bien des égards mythique, qui me donna la vie. Que l'on se figure Romy Schneider et l'on aura une idée assez juste de sa présence, puisque c'est sous les traits de cette comédienne que l'on retrouve au cinéma la plupart des personnages qu'elle inspira aux cinéastes qui ont souffert de l'adorer.

Pour l'aimer au mieux, le Zubial installa donc dans cette maison deux ou trois amants de ma mère qui se retrouvaient tous les week-ends avec lui ! Et pour faire bonne mesure, le Zubial y venait souvent accompagné de l'une des créatures qu'il avait réussi à suborner. Son idée, fort simple, était de faire de ses compétiteurs des maris, afin de demeurer toujours l'amant de ma mère. Concevoir une telle dramaturgie intime est une chose, la vivre en est une autre ; mais c'est ainsi qu'il ne cessa jamais de la reconquérir.

On imagine aisément que mes copains de classe avaient quelques difficultés à s'y retrouver ! D'autant que les invités, tout aussi déconcertés, menaient rarement une vie irréprochable. Pourtant, à Verdelot, l'atmosphère n'était pas à la frivolité car ces gens très gais, furieusement drôles, s'aimaient avec démesure. Sous la houlette du Zubial, cette étrange tribu vivait essentiellement d'amour fou.

Dans ce prieuré de Seine-et-Marne, le microclimat provoqué par sa présence portait aux extravagances. L'été de mes douze ans, nous y avons vécu en compagnie d'une jeune girafe convalescente; le Zubial s'était alors entiché d'une fille Bouglione.

Je conserve un souvenir émerveillé du jour où Marguerite, la petite girafe, arriva chez nous. La ménagerie du cirque nous l'avait confiée, afin de la requinquer sous le ciel briard. Je crus avoir une hallucination quand j'aperçus par la fenêtre sa tête étrange; elle se trouvait en contrebas, dans le jardin, et mangeait les feuilles de la vigne vierge qui court jusqu'à la hauteur de notre cuisine. Naturellement, le Zubial ne nous avait pas avertis. C'est Lionel, l'un de ses amis, qui la vit en premier; le sachant très porté sur le champignon mexicain — *sous influence*, disait mon père —, je ne l'ai d'abord pas cru. J'avais tort. Marguerite était bien là, prête à mettre un peu plus de poésie encore dans notre univers déjà surréaliste. Pour la nourrir, nous inventâmes toutes sortes de mixtures qui lui rendirent la santé. Le Zubial eut même l'idée de lui procurer un excédent de lait maternel qui faisait souffrir l'une de ses amies. Marguerite ne le but pas, elle le mangea; car le Zubial utilisa ce lait pour en faire... du *fromage de femme*, aliment qu'il déclara excellent pour les girafes.

Plus tard, ma mère refusa l'installation d'autruches sur lesquelles mon père comptait pour aller faire ses courses le dimanche matin en sulky. L'idée d'atteler ces énormes volatiles l'enchantait. Il ne négligeait aucune occasion de s'épater lui-même.

Les samedis soir, le Zubial se mettait en tenue de danse, entendez qu'il enfilait un étrange costume constitué d'une chemisette en peaux de chat tannées par ses soins et d'un immense caleçon qui lui faisait une manière de jupette ; puis il enfilait des sabots. Ainsi accoutré, il allumait la télévision et quand, par la grâce de l'ORTF, surgissait l'image de Claude François, il se mettait à danser comme un diable, en imitant le blondinet désarticulé, devant l'assistance médusée. Trente secondes plus tard, tout le monde dansait devant la télévision ! Les invités, ma mère, ses amants, la bonne qui râlait, quelques maîtresses égarées et les enfants ! Et en cadence ! La gaieté s'emparait de la maisonnée, et nous chantions à tue-tête ; puis, échauffé, mon père s'asseyait sur la télé éteinte et nous lisait quelques chapitres de Pagnol, en modifiant un peu le texte original quand l'attention des petits faiblissait.

C'est ainsi que je me suis aperçu dix ans plus tard que *La Gloire de mon père* ne comportait aucune scène de western et qu'il ne fut jamais question dans cet ouvrage de plantes carnivores aussi avides que les pieuvres de Jules Verne. D'autres soirs, il nous lisait les *Mémoires d'outre-tombe* pendant que nous, les enfants, lui massions les pieds avec ferveur.

À Verdelot, tout ou presque pouvait se produire.

Pendant un temps, le grand jeu du Zubial fut de nous réveiller, moi et mes copains, pour improviser en pleine nuit des farces téléphoniques. Son idée favorite était de prendre une voix caverneuse et de réveiller le ministre de l'Intérieur de l'époque — qu'il connaissait — à son domicile, sur les deux heures du matin, en signant notre forfait par ces mots énigmatiques :

— C'est un coup des autonomistes de Seine-et-Marne !

Et nous raccrochions. Quand, une nuit, à l'autre bout du fil, nous entendîmes la voix enrouée de l'officiel irrité :

— Arrête Pascal !

Le Zubial raccrocha aussitôt, nous expliqua que la répression des forces de l'ordre serait terrible et qu'il nous fallait nous organiser.

— Pour quoi faire ? demanda un ami de huit ans qui n'avait pas l'habitude de se rebeller contre le gouvernement.

— Pour résister !

Sans délai, nous barricadâmes la maison. Bouclés les volets ! Les coussins du salon nous servirent d'imaginaires sacs de sable, la commode de l'entrée permit de bloquer la porte et, quand tout fut prêt pour le siège, nous commençâmes à inventorier les vivres que nous possédions pour tenir ; car, au dire du Zubial, nous serions bientôt cernés par l'assaillant. Au passage nous avalâmes quelques tartines de pâté de canard maison. Les thermos furent remplies de chocolat chaud. Un peu étonnés tout de même, mes amis regardaient avec inquiétude ce monsieur en robe de chambre très agité qui était, à ce qu'on leur avait dit, un écrivain célèbre. Mais leurs doutes se changèrent en panique véritable quand mon père chargea les winchesters pour tirer par la fenêtre les sommations d'usage.

Les détonations réveillèrent ma mère qui, effarée de trouver sa maison transformée en Fort-Chabrol, confisqua les fusils, nous renvoya illico au lit et somma le Zubial de cesser ce genre d'extravagances. L'un de mes copains, enchanté, raconta cette nuit à ses parents ; il ne fut plus jamais autorisé à revenir à Verdelot.

Plus tard, je me suis souvent demandé pourquoi il inventait ces moments merveilleux avec un tel enthousiasme. Désirait-il rivaliser avec Buffalo Bill dans notre imaginaire ? Peut-être ne savait-il pas comment être père, lui qui demeura toujours un fils ; alors, sans doute faisait-il de son mieux. Je crois aussi qu'il voulait désespérément vivre, qu'il craignait par-dessus tout de se laisser entortiller dans un quotidien anesthésiant. Alors il se débattait, fabriquait sans relâche des situations, avec la trouille de mourir un jour sans avoir suffisamment exploré sa nature. À moins qu'il n'ait agi ainsi pour m'inoculer le goût de la fiction, dans l'espoir de faire de moi un écrivain...

Le fond de son cœur me reste encore une énigme ; sans doute est-ce pour cela que je me comprends parfois si mal.

— Mon chéri, tu vois ces grandes pinces ? Elles servent à couper des boulons. Eh bien, nous allons en faire un appareil à châtrer les emmerdeurs ! Les je-sais-tout, les inspecteurs des impôts, les maris jaloux, les fâcheux, quoi...

— Bien papa...

À Verdelot, notre activité préférée était de fabriquer des objets inutiles — ou d'une utilité relative — dans son atelier. De nos mains naissaient des machines à applaudir surréalistes que l'on actionnait avec une manivelle, des pièges à mouches gigantesques, des échasses à ressorts, de somptueuses mâchoires mécaniques conçues pour prémâcher les aliments, des appareils poétiques qui étaient censés nous faire aimer des femmes ; car là était bien la grande affaire de sa vie.

C'est là, dans son atelier, qu'il me fit sentir que nous, les Jardin, étions nés pour aimer. Pendant qu'il rabotait et contrecollait d'imaginaires oiseaux en balsa, il m'expliquait avec fierté que si certaines familles étaient vouées à fournir à la République des bataillons de polytechniciens, ou une brochette de boulangers, nous, nous étions destinés à devenir des amants. À l'entendre, l'affaire ne souffrait aucun débat et si, par nécessité, je devais un jour occuper une fonction rémunérée, il me priait de ne pas y prêter trop d'attention. J'écoutais, en clouant, en vissant, en ponçant.

— Et Président ? lui demandai-je un jour. On peut devenir Président de la République, nous ? Parce que... ça me plairait bien.

Il posa sa scie, réfléchit un instant et me répondit avec le plus grand sérieux :

— Oui, ça c'est possible... mais quand ?

— Quoi quand ?

— Quand veux-tu devenir un grand Président ?

Il me prenait un peu de court ; j'avais neuf ans et ne savais pas trop quoi répondre. Mais son attitude me confirma dans l'idée que l'affaire était jouable puisqu'il ne m'avait demandé qu'une seule chose : quand ?

À présent, je me rends compte de la beauté de sa réaction. Le Zubial me permettait tout, pourvu que mes désirs fussent exorbitants. Un père ordinaire eût sans doute ricané devant une telle question ; lui s'était seulement inquiété de la date. Le Zubial croyait en la puissance des envies lorsqu'elles sont illimitées. Était-ce une naïveté ? Sans doute, mais j'y vois aussi une sagesse, un respect pour ce qu'il y a peut-être de plus précieux chez un petit garçon, et en l'homme : les désirs. Dix-sept ans après, je garde encore le goût des siens, si vifs, si ensoleillants.

Papa, pourquoi m'as-tu abandonné? Pourquoi m'as-tu laissé dans ce monde où les vastes désirs semblent toujours un peu ridicules? Lui seul croyait en mes folies, lui seul me donnait envie de devenir quelque chose de plus grand que moi. Ce goût de l'infini, et de l'infiniment drôle, m'est resté comme une terrible nostalgie.

— Vite! Vite! s'écrie le Zubial.

Sur le point de m'endormir, je me redresse dans mon lit et demande ce qui se passe. Papa m'explique qu'il nous emmène séance tenante, moi et mon correspondant anglais, au Paradis Latin, un cabaret qui électrise le Paris des années soixante-dix. Prestement, nous passons des pantalons et des pull-overs par-dessus nos pyjamas ; l'Anglais enfile la veste de son collège, frappée d'un écusson qui m'impressionne.

Une demi-heure plus tard, nous déboulons derrière le Zubial dans ce temple de la folie nocturne, à l'insu de ma mère qui avait fui les chaleurs estivales de la capitale. J'ai treize ans, j'en parais onze ; mon père a jugé que le monde devait m'apparaître ce soir-là dans toute sa sauvage beauté. Et puis, il me réserve une surprise.

On nous installe à une table, à quelques mètres de la scène sur laquelle des femmes très peu vêtues entrent dans une cage où un dompteur les traite comme des lionnes. Le fouet claque ! Les créatures grognent et en frémissent d'aise.

— Tu vois celle qui est au milieu ? La plus belle, celle qui rugit.

— Oui papa.

— C'est Manon. J'en suis fou, et elle m'aime ! ajoute-t-il en souriant. Je voulais que tu la connaisses…

Effaré mais stoïque, l'Anglais en pyjama ouvre de grands yeux en regardant la dernière conquête de mon père dont la posture ne figure pas dans les manuels de bonne conduite. Moi, j'ai soudain un peu peur pour ma mère, comme chaque fois que je l'ai vu épris d'une autre ; mais je ne dis rien. Et là, tout à trac, le Zubial se met à me parler à voix basse, ainsi qu'il le fit rarement :

— Mon chéri, hier soir, à minuit, j'étais dans un parking sombre et j'ai eu peur… de tout, de rien, du noir. Et j'ai décidé de ne plus jamais avoir peur, plus jamais, comme Manon ! C'est absurde d'accepter cette infirmité. Tu vois, ces gens sur la scène, eux ils n'ont pas peur… regarde comme ils sont libres. Manon, elle est libre !

Ce soir-là, lui et moi fûmes peut-être les deux seuls spectateurs à voir de la liberté dans le spectacle de ces femmes nues encagées. Il me prêtait son regard ; j'épousais ses sensations, j'apprenais à devenir lui, c'est-à-dire moi. Puis, dans un fracas de trombones, d'énormes avions en carton pilotés par des travestis tombèrent du plafond, accrochés à des filins, pour se livrer au-dessus de nos têtes renversées à une imaginaire bataille aérienne, ponctuée d'explosions fictives. Les scènes les plus décousues et drôles se télescopaient, s'amplifiaient et se répondaient, quand soudain je m'aperçus que papa avait disparu! Il avait quitté en douce notre table. Nous étions seuls, mon correspondant et moi, égarés dans un cabaret parisien, à une heure où tous les petits garçons dorment.

Alors, l'inimaginable se produisit. Nous vîmes le Zubial réapparaître sur la scène, équipé d'une perruque blonde, levant la jambe en cadence au milieu des danseuses qui formaient la revue. Son regard ne quittait pas Manon; elle menait la troupe. À cette époque, mon père était au sommet de son éphémère gloire littéraire, et personne dans le public ne pouvait imaginer que parmi ces filles se trouvait le dernier lauréat du Grand Prix du roman de l'Académie française. Sans doute voulait-il me montrer qu'aucune peur ne le limiterait jamais plus, qu'aucune timidité n'aurait raison de son immense désir de jouer avec la vie. Secoué par cette vision, mon correspondant anglais se pencha vers moi et, avec une pointe d'accent insulaire, me confia :

— À Londres, nous ne dirons rien...

Mais nous n'avions encore rien vu. Au sortir du spectacle, papa nous entraîna dans les loges rejoindre celle qui occupait ses rêves, et parfois son lit, depuis quelques semaines. Animal magique, ennemie de toutes les tempérances, Manon avait ce quelque chose d'irrésistible qui exige l'amour comme un dû et la passion comme un minimum. Elle m'embrassa, me laissant au passage des paillettes sur le visage et des étoiles

45

dans les yeux. Son corps exquis promettait tous les vertiges, sa grâce fluide faisait d'elle une princesse authentique perdue dans cet univers de faux-semblants. Encore vêtue de son costume de scène à plumes d'autruche, sans se démaquiller, elle nous suivit dans la voiture du Zubial.

— Où allons-nous ? demandai-je.

— Provoquer le hasard ! me répondit papa.

Deux heures plus tard, nous faisions irruption au casino de Deauville. L'émoi suscité par l'apparition de Manon, toute en paillettes, nageant dans les plumes colorées, fut tel que la question de mon âge et de celui de mon correspondant parut négligeable. Le Zubial changea une forte somme, bien entendu excessive ; puis il ramassa les plaques et, sans trembler, s'approcha de la roulette pour les déposer toutes sur un seul numéro.

Longtemps la boule tourna.

Vingt ans plus tard, je me revois scrutant ce petit objet rond qui bientôt nous dirait que nous étions ruinés, une fois de plus. Puis, comme hypnotisé par le mouvement de la boule, je contemplai mon père avec les mêmes yeux qu'aujourd'hui, avec cette jalouse admiration mêlée de consternation ; car il me fatiguait et me révoltait, je le confesse. Mais dans le même temps, je l'ai trouvé si séduisant, si follement jeune, si gorgé de vitalité qu'il m'a semblé le plus enchanteur des pères. En cet instant qui précédait le drame certain, il était tellement lui-même que je me suis reconnu en le regardant. C'était moi, un moi de rêve qui était au bras de cette femme aussi légère que la musique de son Paradis burlesque ; mais ce moi de quarante-trois ans qui frémissait en scrutant la roulette, ce moi était tellement mieux que moi que c'en était désespérant.

Et puis, le pire est arrivé. La boule s'est immobilisée. Tout le monde s'est penché, nous a regardés. Manon a alors poussé un cri de bête, un cri comme seuls en poussent les athlètes qui viennent de pulvériser un record du monde, un de ces cris qui restent dans les annales de l'histoire, qui traversent les âges et perpétuent les légendes, un cri qui disait que les fous auraient toujours raison contre les banquiers.

Nous avions gagné.

Le Zubial souriait, non pas de récolter une fortune car il savait qu'il la perdrait au plus vite ; le confort de l'opulence ne lui allait pas ; non, il souriait que les Dieux l'eussent récompensé d'être ce qu'il tentait d'être. Radieux, il se tourna vers moi, m'embrassa et me dit avec une infinie douceur :

— Tu vois...

Ces deux mots me sont restés. Car s'il avait perdu, comme il aurait dû perdre, alors j'aurais pu me dire que le Zubial avait tort, oui tort de se risquer ainsi ; mais là le sort s'acharnait à me convaincre qu'il y avait quelque raison à être déraisonnable. Le Zubial avait réussi à me prouver que marcher sur ses traces était une solution, un remède aux désespoirs que le destin nous inflige.

Pour que la scène reste parfaite, papa ramassa son dû et nous quittâmes séance tenante le casino, au bras de Manon ; ses plumes semblaient être celles du paon

47

qu'était le Zubial en traversant le hall. Derrière nous trottinait mon correspondant anglais toujours de marbre. Il dut conserver de son séjour chez les Jardin une bien curieuse idée de la France...

Parfois je me suis senti furieux d'être son fils, d'appartenir à cette famille dont la culture séduisante coûte si cher à tant de ses rejetons. Chez les Jardin, devenir soi passe par d'exténuantes exigences. Ce que nous sommes ne suffit pas, jamais. Vivre signifie enfourcher un destin, aimer est pour nous synonyme de se projeter dans des amours vertigineuses. Le normal est notre hantise, l'exorbitant notre mesure, et notre ridicule vanité. Mourir passe par les affres du suicide, par un cancer effroyable ou la disparition en mer. Un Jardin ne s'éteint pas dans son lit en sirotant une tasse de thé ; sa mort se doit d'être vibrante, signifiante ou sublime de grotesque.

Chez nous, tout est matière à fiction. Ceux qui n'écrivent pas se regardent comme des écrivains non pratiquants, et le sont en général. Nous ne nous apprécions vraiment que si le récit de notre existence vaut le coup. De l'encre nous coule dans les veines ; là est notre beauté mais aussi notre tragique bêtise, voire notre misère.

49

Pour un Pascal, comète fulgurante, combien de ratages sanglants? Combien se sont pendus, ivres du malheur de n'avoir pas connu une destinée anormale? Combien ont souffert de n'être pas fiers d'être simplement eux-mêmes? Le Zubial fut, avec mon grand-père dit le Nain Jaune*, cause de ce dérèglement de nos boussoles intimes. Tous, nous avons voulu être un peu ces hommes fabuleux, détestés et adorés. Il m'est arrivé d'aimer des femmes uniquement pour plaire à mon père, alors qu'il n'était plus là.

C'est ainsi qu'à dix-sept ans j'ai moi aussi sauté dans le lit d'une dame exagérément belle, très mariée et follement enthousiasmante au lit. Sans les audaces du Zubial, ma timidité m'aurait laissé à mes rêves d'étreintes, jamais je n'aurais escaladé la façade de son chalet de Crans-sur-Sierre, en Suisse. C'est d'ailleurs à cette occasion que je pus vérifier par moi-même combien les femmes semblent apprécier que l'on entre dans leur chambre par la fenêtre... Son époux était absent, un banquier genevois qui allait, à son insu, sponsoriser mes folies pendant quelques mois. Elle s'appelait Laura, celle du Zubial Clara; une courte syllabe les séparait. Dire que je fus totalement moi-même en la culbutant serait mentir. Ce soir-là, je fis l'amour en mémoire de mon père.

Treize ans plus tard, alors que je faisais quelques pas solitaires près de la maison qu'habitait mon oncle Simon, non loin de Genève, je me suis retrouvé par hasard devant la propriété de Laura. J'ai alors pensé

* Mon père lui a d'ailleurs consacré un livre saisissant : *Le Nain Jaune* (Éd. Julliard).

au Zubial. Qu'aurait-il fait de ce coup du sort ? La réponse allait de soi ; il n'aurait pas reculé. Mais j'étais là en vacances avec ma femme que j'aime, et mes deux premiers enfants. Les circonstances ne se prêtaient pas à un nouveau numéro de voltige. Nous devions passer à table trois quarts d'heure plus tard, chez le frère du Zubial. Pourtant, la voix de l'hérédité fut la plus forte.

Je me suis dirigé vers le hameau de Laura, en ignorant quelle maison était précisément la sienne. Je savais qu'elle partageait cette poignée de bâtiments avec ses beaux-parents mais je n'y avais jamais été reçu. Et puis, y vivait-elle encore ? Était-elle en voyage, partie faire des courses ? Son mari rentrait-il déjeuner ?

Dans la cour, il n'y avait personne ; seul un vieux chat suisse sommeillait. Je suis entré dans l'une des maisons, en priant pour que ce fût la bonne, et là j'ai entendu la voix de Laura, ou plutôt son rire, ce rire clair qui me rendit aussitôt à notre passé radieux. Elle s'amusait avec un enfant, au premier étage. J'ai gravi l'escalier, fait quelques pas dans un couloir obscur, en cambrioleur discret. Je n'étais plus tout à fait moi, un peu Zubial, terriblement troublé. Une porte s'est ouverte ; Laura m'est apparue, treize ans après, avec un enfant dans les bras.

La rencontre nous figea l'un et l'autre. Son visage, jadis si pur, était ravagé, jauni, détérioré par je ne sais quel cataclysme affectif. Seuls ses yeux très bleus disaient encore sa présence d'antan. Ses cheveux devenus moussus me parurent tragiquement moins abondants. Étaient-ils même encore d'origine ? J'eus un tressaillement d'effroi, un léger mouvement de recul. Laura, elle, me regardait avec une telle stupeur que ses interrogations se lisaient sur sa physionomie. Que faisait son amant d'autrefois dans son couloir? Était-ce bien moi? Elle confia l'enfant à une nounou alémanique rustaude; nous descendîmes ensuite dans le salon, encore groggy du choc de nos retrouvailles impromptues.

Laura me parla tout de suite de son cancer qui l'exténuait moins que les traitements cruels qu'on lui infligeait; alors tout bascula. Soudain bouleversé jusqu'au tréfonds, ma répulsion se changea en compassion. Je la traitai aussitôt comme si sa beauté ne l'avait jamais oubliée, lui serrai la main, la cajolai, m'efforçai de paraître encore épris et, sans tarder, lui avouai l'importance de notre histoire. En l'espace d'un quart d'heure, tout fut dit, ma reconnaissance, l'idée rémanente d'un certain bonheur physique qu'elle m'avait imprimé dans l'esprit et dans le corps. En la quittant, je l'embrassai même avec la plus vive passion, dans l'oreille, comme avant.

Cinq minutes plus tard, je passais à table chez mon oncle, avec ma femme, mes enfants, quelques cousins helvétiques et amis. En servant le poulet, je restais muet, encore plein de la scène irréelle qui venait de me bouleverser. Que pouvais-je leur dire à tous? Rien. Ce qui s'était produit, en l'espace de trois quarts d'heure, ce matin-là, était trop zubialesque pour que je pusse parler librement et être cru. En cet instant, alors que nous dévorions ce volatile accompagné de pommes sarladaises, qui m'aurait vraiment compris?

C'était à mon père que j'aurais voulu me confier, lui qui était si accoutumé à fréquenter l'invraisemblable.

Ce jour-là, quinze ans après son dernier sourire, son absence me fit mal, comme toutes les fois où je me suis senti trop Jardin pour l'être seul. Mais il y eut également des épisodes où ce manque me fut plus douloureux encore ; ce fut hélas le cas lorsque je vis mon frère Emmanuel tenter de devenir un nouveau Zubial, de la façon la plus terrible.

Par une étrange férocité du destin, Emmanuel s'attacha à emprunter les pires travers de notre père ; je dis les pires car, pour les assumer, il eût fallu que la nature le dote de l'anormal ressort du Zubial. Pris isolément, les défauts charmants dont papa faisait des qualités ensorcelantes allaient devenir hautement toxiques pour mon frère dont le charme était ailleurs.

Imiter l'ombre portée de notre père, qui ne cessait de s'agrandir à mesure qu'il s'éloignait de nous, relevait de la roulette russe. Dans sa furieuse gaieté, le Zubial avait eu le tort de faire croire à ses enfants que ses jeux n'étaient pas dangereux. Mon frère avait refusé d'accepter que le funambulisme est un art mortel, réservé à ceux dont la colonne vertébrale est de fer ; sur les fils, tout le monde finit par chuter. Sa tentative fut tragique. J'en reste horriblement blessé, terrifié parfois d'être moi aussi le fils de cet homme qui nous donna le goût des gouffres.

Trois semaines après la mort du Zubial, mon frère adoré eut l'idée de suborner, et d'aimer avec entrain, le dernier amour de notre père. La séduction du fils, diabolique, opéra comme avait agi celle du Zubial. La jeune femme, perdue de chagrin, céda, s'enflamma; on la comprend. Mon frère crut alors que le rôle qu'il s'était distribué était le sien. Il emménagea chez la dame, devint un imaginaire Monsieur Jardin en négligeant d'être celui qu'il était effectivement. Frédéric, mon petit frère, et moi en demeurâmes consternés. Malgré notre jeune âge, nous flairions que le sentier dans lequel s'engageait notre aîné était trop abrupt pour lui. Pour qui ne l'aurait-il pas été? Prendre la succession des amours de son père est en soi un exercice déconseillé pour la santé. Mais là, il était évident que mon frère se glissait dans un chapitre qu'il n'avait pas écrit lui-même; il n'en serait que le personnage, un personnage tragiquement en quête d'auteur.

Par la suite, tout dans sa destinée me parut à l'avenant; dès qu'un précipice se présentait, mon frère kamikaze s'appliquait à ne pas l'éviter. C'est ainsi qu'il décida un jour d'épouser une femme, assez tentante il est vrai, une semaine après lui avoir serré la main à Athènes. La noce fut d'abord ajournée, transformée en un curieux bal de fiançailles improvisé, puis elle eut lieu et cet amour brusqué se détériora aussi vite qu'il s'était constitué.

Mon frère avait oublié que, lorsque notre père traversait un malheur, c'est qu'il en était généralement la cause et le dramaturge. Il agissait en écrivain soucieux de maîtriser ses effets, de régler ses propres dégringolades et ses chagrins, auxquels il finissait par croire. Je l'ai vu par deux fois quitter une femme pour se mettre en état d'achever un chapitre, et en pleurer des larmes qu'il imaginait sincères.

Emmanuel voulut un destin sans accepter les préambules qui y préparent et le légitiment, une trajectoire d'homme-canon. Toujours je le vis mettre un romanesque délétère dans son quotidien, en s'écartant irrésistiblement de sa propre singularité qui était pourtant flagrante. Quel être sublime ! Mais il refusait avec passion d'être lui-même, comme si cela eût été insuffisant. Et je le comprenais si bien... S'il s'était un peu moins appliqué à être notre père, sans doute aurait-il été l'une des plus étonnantes figures de notre étrange tribu ; et qui sait, peut-être le plus poète de nos écrivains, pratiquant ou non.

Sa folle course s'est terminée au bout d'un chemin, le matin où, fatigué d'être lui-même, ou de ne l'être pas assez, il enfonça le canon d'un fusil dans sa bouche. Son cerveau magnifique fut brûlé. La détonation ne cessera jamais de résonner en moi. Ce jour-là, j'eus envie d'aller cracher sur la tombe du Zubial. Quand j'appris la nouvelle sur une île du Pacifique, en terre kanake, j'eus honte d'être Jardin. Que vaut une famille dont les idées pleines de roman et les rêves illimités tuent l'un de ses fils en le rendant fou ?

D'autres sont également morts d'être de ce sang maudit ; la liste effroyable ne s'arrêta pas là. Si tous les clans ont leur lot de tragique, le nôtre a seulement ceci de particulier que nos morts nous laissent de grandes questions. Le suicide d'Emmanuel me renvoie chaque jour à celle qui ne cesse de me persécu-

ter : me suis-je perdu ou trouvé en m'écartant des chemins du Zubial?

Mais m'en suis-je éloigné?

J'ai douze ans. Une famille de gens charmants m'accueille dans un coin de campagne anglaise, sous les coupoles du château colonial de Sezincote, dans le Gloucestershire. Tout ici respire une Inde rêvée, une Angleterre évanouie que perpétue Lady Peak, épouse du Lord du même nom. On m'y enseigne les rudiments de la langue sophistiquée que parlent ces experts en thés indiens, ces amateurs de promenades en calèche qui devisent également en latin, le soir venu, autour de succulents repas familiaux pris en smoking. À la lueur de candélabres birmans, on y évoque les États-Unis comme une ancienne colonie, New York et Singapour font figure de comptoirs florissants.

Après les collations servies à cinq heures, mon correspondant m'initie aux subtilités du croquet dans une serre victorienne qui abrite un gazon aux airs de moquette. Algernon, le valet de chambre, me donne du Monsieur, pousse le chic jusqu'à me parler dans son idiome insulaire en affectant un accent qu'il croit français, pour m'être agréable. Les dimanches, le père nous conduit en Bentley à de trépidantes chasses au renard. La mère veille sur mon sommeil, panse mes égratignures avec dévotion et me gave de cake. La fille se baigne nue dans la piscine pour me charmer les yeux, et m'agacer les sens. Le grand-père, un peu vicieux, me fiche la paix. Tout va pour le mieux dans la meilleure Angleterre.

C'est alors que me vint une idée.

Je savais le Zubial amateur d'émotions fortes. Par amour pour lui, je résolus de lui en concocter de violentes, pimentées selon son goût. Satisfaire son inclination pour les sensations excessives me réjouissait au plus haut degré.

Je m'emparai d'un stylo et écrivis deux lettres, l'une à ma mère, l'autre à mon père. Dans cette dernière, je décrivais mon séjour comme une longue détention dans un taudis mal famé, au sein d'une famille de junkies qui n'auraient eu de cesse de me faire des injections d'héroïne pure en m'attachant à un radiateur. Sous ma plume, il y avait plus de cocaïne que de glucose dans les sucriers de Lord Peak, le père violait de temps à autre ses invités au cours de bacchanales fiévreuses, la mère lubrique s'adonnait aux pires turpitudes et Algernon, le *butler*, devenait un trafiquant immonde, vivant du commerce d'organes qu'il volait à des enfants faméliques de Liverpool. Je n'avais pas fait dans la dentelle, assaisonnant au passage tous les acteurs prévenants de mes délicieuses vacances chez les Peak. Mon texte se terminait par un appel au secours véritablement poignant.

La lettre à ma mère, elle, était pleine de pique-niques exquis, d'échos des attentions touchantes de Lady Peak, de commentaires sur les grâces de la sœur de mon correspondant, de variations sur les beautés du Gloucestershire. En fin de lettre, j'eus toutefois la prudence d'avertir ma mère que la missive adressée au Zubial était d'une autre teneur. Je la priai également de laisser mon père s'inquiéter quelques jours, le temps qu'il pût jouir de ses émotions vives, avant de l'en libérer. Une petite semaine de fièvre paternelle me semblait amplement suffisante.

Trois jours plus tard, un taxi londonien s'arrêtait devant la grande porte du château de Sezincote; le Zubial en bondissait, hirsute, et restait stupéfait sous la pluie en contemplant les coupoles indiennes de la demeure des Peak, si éloignées des descriptions de ma lettre. À peine l'avait-il lue qu'il s'était jeté dans le premier avion, avait traversé la moitié de l'Angleterre en taxi. Ma mère n'avait pas eu le temps de l'intercepter.

Je l'ai aperçu par une fenêtre, alors que je dégustais quelques scones. Il était si beau dans mes yeux, si jeune homme, si déconcerté. Algernon sortit aussitôt lui tendre un parapluie pour l'accompagner dans le vaste hall. Il est des instants merveilleux où la félicité balaie toute autre sensation. Je me suis alors mis à pleurer de joie et j'ai couru vers lui en hurlant *j'ai menti! j'ai menti!*, comme j'aurais crié victoire. Le Zubial m'a embrassé en souriant, heureux de me sentir capable de provoquer de telles scènes entre nous. Jamais peut-être je ne me suis davantage senti son fils que ce jour-là. Il ne me reprocha rien, reconnut en moi son naturel et m'étreignit avec passion.

Aujourd'hui, cet épisode m'arrache toujours des larmes ; y songer me rend à sa tendresse, aux sensations de notre embrassade dans le hall de Sezincote. Le Zubial avait-il cru en ma lettre ? Je pense plutôt qu'il avait perçu que mes mensonges seraient toujours les masques de ma sincérité ; et ma vérité, cet été-là, était que mon bonheur anglais était imparfait puisqu'il n'était pas là. Le Zubial manquait déjà au fils que j'étais ; il me manque encore...

Les mœurs de mon père étaient assez peu prévisibles. À Paris, il avait fait réduire la largeur des couloirs de son appartement pour que les huissiers du fisc ne puissent pas saisir son mobilier. À Verdelot, le week-end, le Zubial s'habillait en hiver d'une douzaine de très fins pull-overs car il prétendait avoir lu dans les *Mémoires* de Talleyrand que le secret de la chaleur résidait dans la superposition de *petites laines*. Ses séances d'habillement étaient interminables et presque toujours suivies d'une étrange pratique : il siphonnait ses sinus à l'aide de grandes pipettes faites sur mesure par un artisan verrier de ses amis. Cette vidange des fosses nasales durait bien dix minutes de glouglous qui intriguaient beaucoup notre femme de ménage.

Le Zubial possédait également un matériel abondant pour pratiquer des lavements, actes inévitables et essentiels d'une hygiène moderne selon ses dires. À Verdelot, dès que l'un de ses invités présentait des signes de mauvaise digestion ou de grippe, il lui administrait un sévère lavement aux herbes. Ses bocaux personnels regorgeaient de plantes bénéfiques. Si l'intéressé se rebellait, le Zubial se mettait en colère, traitait le récalcitrant d'ignorant et, parfois, s'en donnait un à lui-même, au tilleul, pour se calmer. J'ai moi-même passé une partie de mon enfance avec de l'eau chaude dans le ventre. Plus il aimait ses proches, plus il éprouvait le besoin de les soigner, selon ses méthodes.

Mais ce qui dépassait l'entendement, c'étaient ses rapports avec la médecine, relations constantes car, même bien-portant, le Zubial voyait en lui un malade en permission. Il affichait en permanence sa courbe de température sur l'un des murs de son bureau, comme à l'hôpital, et écrivait la plupart du temps debout avec un thermomètre planté dans le derrière, dissimulé sous son peignoir. À toute heure du jour et de la nuit, il pouvait ainsi commenter son état. Plus d'une fois je l'ai vu s'asseoir sans y prendre garde et briser entre ses fesses le tube rempli de mercure !

Mon souvenir le plus vif de ses relations compliquées avec le corps médical reste Madame Wang. Le Zubial était particulièrement infidèle à ses médecins car, dès que l'un d'entre eux s'avisait de le déclarer guéri, il considérait l'individu comme suspect. Résolu à mourir jeune, il ne négligeait aucune opportunité de se déclarer subclaquant. Seule Madame Wang savait soigner son absence de maladie, se passionner pour la précarité de son excellente santé. Il s'était bien enflammé un temps pour un Bulgare qui soignait à l'électricité en appliquant sur le fondement de ses patients un appareil qui, comme disait papa, *nous mettait Zeus dans le derrière.* Mais le Nain Jaune, mon grand-père, avait expérimenté la chose avec effroi; depuis lors, il n'était plus question dans la famille de ce type d'intromission.

Madame Wang, acupunctrice de son état, avait gagné la confiance du Zubial en lui avouant un jour qu'elle avait d'abord été Monsieur Wang, lequel, résolu à changer de sexe, s'était opéré lui-même sous anesthésie locale, en plantant ses aiguilles sur les points qui endorment la sensibilité. Vraie ou fausse, cette histoire l'avait enchanté; de toute façon, il était impossible d'examiner les traits de Madame Wang pour en avoir le cœur net. Dans son cabinet, elle portait toujours un miroir ovale et concave devant le visage, percé de deux trous pour les yeux, surmonté d'une lampe de spéléologue.

La spécialité de Madame Wang, c'était l'acupuncture des orifices. Elle ne plantait ses aiguilles que dans les narines, la bouche et les oreilles. À titre exceptionnel, l'anus était parfois sollicité, mais rarement. Quand j'étais malade, mon père m'emmenait en douce la consulter; il savait ma mère hostile à cette médecine bien particulière. Moi, j'en raffolais. Ces séances un peu spéciales étaient l'occasion d'être avec lui. Rire à deux, n'est-ce pas une façon de s'aimer?

La première fois que nous avons franchi ensemble la porte du cabinet Wang, j'avais neuf ans. Une très mauvaise toux me déchirait la poitrine. Je ne voyais que l'inquiétude du Zubial, qui me transportait de plaisir; elle était si rare. Madame Wang me traita, en m'épinglant les oreilles. Elle aurait pu me transpercer avec des aiguilles à tricoter, j'aurais accepté tant j'étais avide de ces moments où le Zubial endossait son rôle de père, fugitivement.

Madame Wang me demanda si j'avais mal, je répondis que non, pour que durent ces minutes où le regard de papa se posait sur moi. En vérité, les aiguilles me torturaient les cartilages. Si le Zubial était sorti du cabinet, j'aurais hurlé. Au lieu de cela, je lui souriais, en répondant à ses mots d'esprit.

Aujourd'hui, ce ne sont plus les aiguilles de Madame Wang qui me supplicient, c'est l'absence de cet homme qui me donnait la sensation de vivre chaque journée comme si elle était exceptionnelle. Lui seul me procurait cette gaieté qu'irradient les grands désespérés, cette joie qui naît de la fréquentation des chagrins insondables. Dix-sept années n'ont pas réduit mon sentiment de solitude; le scandale de sa mort me donne parfois envie de crier.

Et si je ne me libérais jamais de ma nostalgie de sa façon d'être? Parfois, je voudrais m'ouvrir les veines pour me vider de son sang, et refaire le plein d'ordinaire.

1971. L'été me cuit le corps sur une plage du Midi. Je n'ai pas vu mon père depuis deux mois. Normal, me dis-je, il déteste les vacances et se méfie du soleil. Toujours il rêva des plages du Deauville de l'enfance de son père, quand les ombrelles cachaient les sourires de femmes fidèles, selon les dires du Nain Jaune. Mais la situation me paraît suspecte quand, rentrés à Paris, on nous installe, Frédéric, moi et notre sœur Barbara dans un nouvel appartement, pharaonique cette fois, où nous ne trouvons pas trace du Zubial. Nous flairons qu'il est inopportun de poser des questions. L'énigme durera deux mois.

J'appris plus tard que ma mère avait résolu de s'évader de la vie du Zubial mais que, pour mieux le récupérer, elle lui avait caché le lieu de notre retraite. Ses copines avaient ordre de se taire afin d'aiguiser son appétit. Notre fuite devait demeurer romanesque. Ma mère menait à l'époque une existence d'héroïne de cinéma, en partie inventée par mon père ; il n'était pas question qu'elle se contente d'une conduite exempte de suspense. Entre le Zubial et elle, rien ne fut jamais simple, tout sentit toujours les débordements d'une passion qui fut, pour l'un et l'autre, l'axe majeur de leurs vies déboussolées.

L'effet escompté a fonctionné. Le Zubial traîne son affliction dans tout Paris, couche avec quelques-unes des femmes de ses amis qui voient encore ma mère, histoire de glaner des indices, et quand, un mois plus tard, il trouve enfin l'adresse de notre repaire, l'animal ne dit rien à personne, s'attache à ne rien faire. Il était alors en pleine rédaction de son premier livre ; ce n'était pas le moment pour lui de se priver de ce désespoir providentiel qui fécondait son talent et avivait sa sensibilité. Et puis son retour se devait d'être à la hauteur du défi lancé par ma mère.

Un mois plus tard encore, alors que je révisais mes leçons dans la chambre de maman, le téléphone sonne. Elle répond. J'entends la voix du Zubial qui résonne dans le combiné ; il a l'air ravi et s'exclame :

— Devine où je suis ? Sors dehors !

Intriguée, ma mère ouvre la baie vitrée, fait deux pas sur le balcon et, tout à coup, sourit, non pas d'un sourire quelconque, non, mais d'une façon si radieuse, que déjà je retrouve en elle la jeune femme éprise de mon père. Le Zubial est là, de l'autre côté de la rue, au téléphone. Il vient de louer l'appartement qui se trouve juste en face du nôtre ! Frédéric entre alors dans la chambre ; il a quatre ans et, d'un œil, comprend tout. Ravi, il se met à applaudir, en souriant lui aussi, comme on applaudit un numéro de magicien.

Telles furent les relations de mes parents, acrobatiques, toujours en péril, tellement cinématographiques. Mais, par-delà les rebondissements, ils savaient tous deux qu'ils ne pouvaient vivre ni avec ni sans l'autre. Leur passion reste à mes yeux le modèle d'une reconquête chronique.

Après cet épisode, ils se remirent à s'aimer les weekends, à Verdelot ou ailleurs. La semaine, j'étais bouleversé de voir mon père venir chercher ma mère, le soir, pour l'emmener dîner, avec l'espoir de coucher avec elle. L'image de cet éternel amant, qui patientait dans le hall, des fleurs à la main, est pour moi celle d'un idéal terriblement Jardin.

Plus tard, beaucoup plus tard, à vingt-trois ans, j'ai confié ce rêve de reconquête à l'un de mes héros de roman, le Zèbre, en prêtant à ce notaire de province quelques travers de mon père. Mais j'ignorais alors qu'en écrivant ce livre je réinventais une partie de la conduite réelle du Zubial.

Cela me fut révélé par ma mère, un soir d'automne 1993, cinq ans après la publication du roman. Nous revenions justement de Verdelot en voiture quand, brusquement, elle me demanda d'une voix fébrile :

— C'est toi qui envoyais les lettres ?

— Quelles lettres ? ai-je demandé, sans rien comprendre.

Dans mon roman, au troisième acte, le Zèbre meurt et continue de reséduire sa femme du fond de sa tombe, par un système cruel et émouvant de lettres posthumes qui maintiennent l'héroïne dans les rets de leur passion. J'appris ce soir-là, de la bouche de ma mère, que mon père s'était effectivement livré à ce jeu terrible, avec elle! Même mort, il entendait occuper son cœur, ses espérances et son avenir.

Quand le livre avait paru, ma mère avait cru que ce troisième acte était une façon indirecte de lui avouer que c'était moi qui avais jadis posté les lettres. Tout lui avait alors paru clair. Dans son esprit, il était évident que seul un enfant avait pu se prêter à une comédie funèbre aussi démente.

Il n'en était rien. J'avais écrit selon ma fantaisie en laissant courir ma plume, sans rien connaître de cette histoire. Mon intuition me soufflait seulement que mon père aurait fort bien pu agir ainsi. J'ignorais que le Zubial écrivait alors en moi, à moins que ce ne fût moi qui fusse devenu lui, l'espace d'un roman. Les voies de l'hérédité littéraire sont parfois impénétrables.

Aujourd'hui, à mesure que je me rapproche de son décès — entendez quarante-six ans — je me sens de plus en plus son jumeau. Mais mort plus vieux que lui, je resterai son aîné.

— Je ne suis pas son fils, c'est lui qui est mon père !
furent mes premières paroles publiques, bafouillées à
la télévision, en octobre 1986.

J'avais vingt et un ans ; je répondais à Bernard Pivot
sur un plateau d'Apostrophes. Il venait de me présenter comme le fils de Pascal Jardin. Si j'avais pu
déclarer que c'était moi le père et lui le fils, je l'aurais
fait, tant les préséances généalogiques m'avaient toujours irrité, voire révolté. Et puis mes propos avaient
un autre motif : j'étais à peu près certain que tout le
monde ignorait son nom. Je craignais sincèrement que
Pivot ne vienne de citer un écrivain qui n'était connu
que de lui et de quelques cénacles.

Que le Zubial fût très célèbre dans sa propre famille
me semblait aller de soi ; je ne m'étonnais donc pas de
sa gloire immense chez les Jardin et parmi nos relations. Mais les gens de mon âge, eux, ne prononçaient
jamais son prénom. Nous étions trop jeunes pour
avoir lu ses livres au succès phénoménal mais de
courte durée. Quant aux films qu'il avait écrits, qui

s'en souciait? Mes amis avaient bien vu à la télévision *Le Vieux Fusil, le Chat, la Veuve Couderc* ou quelques épisodes d'*Angélique, Marquise des Anges,* mais qui connaît le nom des scénaristes de cinéma? Les Français ont toujours plus ou moins cru que Gabin parlait comme dans ses films.

Je me croyais donc vraiment le fils d'un inconnu; et quand la vie publique m'entraîna dans des spirales de rencontres, je m'étonnais du nombre de fois où quelqu'un de plus âgé que moi me donnait du Pascal, en s'excusant séance tenante. Cela me bouleversait, moi qui avais toujours eu peur d'être effacé par son immense séduction. Ainsi donc, le Zubial avait laissé une trace, de comète. Je m'aperçus même très vite qu'on me soupçonnait parfois d'être de ces enfants aidés par leur patronyme.

J'aurais tant aimé être un fils à papa; mais j'étais sans papa. Le Zubial m'avait abandonné sur le bord du chemin à cet âge où l'on esquisse ses premiers pas de jeune homme. Quinze ans... J'avais poussé dans le froid de son absence, appris à me raser sans qu'une main d'homme me montre le bon geste. Si ma mère m'avait aidé à me deviner lors de mon adolescence inquiète, jamais elle ne favorisa mes penchants Jardin. Sans doute craignait-elle de voir rejaillir en moi son tempérament de furieux, tout en l'espérant peut-être, secrètement. Elle en avait tant souffert... Elle me rêvait plus apaisé, moins tenaillé par le désir d'être multiple.

Brusquement, à vingt et un ans, la vie publique me rappela mon origine.

La haine que me voua toujours le journal *Le Monde*, si irrité par mon existence même, me fit souvenir du procès qui opposa l'un de ses critiques les plus détériorés au Zubial. Ses droits de réponse délirants et insolents, où il affirmait que son persécuteur était doté d'un spontex à la place du cerveau, préparèrent mes inimitiés futures. Par un curieux phénomène de legs, tout se passa comme si j'avais hérité des hostilités de mon géniteur.

Paris me restituait ainsi ce père que j'avais trop brièvement croisé. Les voies de l'hérédité littéraire sont décidément bien inattendues...

Comment aima mon père ? Cette question ne cessera jamais de m'occuper l'esprit, tant je reste fasciné par l'amant qu'il fut. La trentaine de femmes que je surpris dans l'église Sainte-Clotilde le 30 juillet 1996 m'apportèrent toutes des réponses différentes quand, plus tard, j'eus l'impudeur d'en interroger certaines avec franchise. Pour chacune d'entre elles, le Zubial avait inventé un art d'aimer, renouvelé ses figures pleines de fantaisie. Jamais il ne leur offrit les mêmes mots, les mêmes bouquets, les mêmes inquiétudes. Il les entraîna dans des drames successifs ou des comédies qui soulevaient toujours des questions différentes, fondamentales ou frivoles. Toutes, elles furent l'héroïne d'une nouvelle inédite de Jardin père. Le Zubial ne cessait de solliciter son imagination, car aimer était pour lui une chose trop grave pour ne pas fabriquer les êtres qu'il aimait. Je crois qu'il avait le goût de révéler les femmes à elles-mêmes au sein de son propre univers, en les magnifiant.

Fregoli dans l'âme, il poussait le perfectionnisme

jusqu'à ne pas porter les mêmes vêtements quand il les faisait voyager dans ses rêves. Sur les photos jaunies qu'elles possèdent, je l'ai vu en grand bourgeois, en chasseur africain, en jean, en frac, en veste, en pull-over, changeant de goût, de milieu pour elles, parfois même en cours de journée, ou de nuit. Je l'ai vu campeur sur une plage de Cherbourg, client de l'hôtel Normandy à Deauville, au bras d'une chanteuse célèbre, défilant une pancarte à la main dans une manif féministe de 1969, aux côtés d'une créature aux cheveux courts qui brûlait un soutien-gorge, ou au volant d'une torpédo décapotable de collection, emmitouflé dans une peau de grizzly, souriant à une Chinoise ravissante.

Pourquoi n'écrivit-il jamais ses aventures, au sens propre du terme, avec Nathalie, Manon, Régine, Anne, Dany, Sonia, Françoise, Roberta, Pauline, Ming et les autres? Je crois qu'il préférait vivre ses idées avec exaltation plutôt que d'épingler ses amours sur des pages de romans, en entomologiste méticuleux; ce que je comprends. J'ai moi aussi, plus d'une fois, essayé certains de mes chapitres avec ma femme, avant de les publier. Ces tests grandeur nature ont presque toujours dépassé mes espérances.

Mais, si différentes fussent-elles, ces fictions vécues furent toutes marquées par sa rage de connaître le vrai visage de la Vie. Dans ses bras, ses maîtresses eurent toutes la sensation d'exister sans fard, d'entrer brusquement dans leur vérité en terrassant leurs peurs; alors même qu'il les rêvait. Ce n'est pas là le moindre de ses paradoxes. S'il les posséda avec joie, ces histoires engagèrent toujours son cœur, ne fût-ce que brièvement. Seuls les séismes affectifs, les passions irrémédiables le tentaient, celles qui laissent pantelant, comblé ou dévasté mais sans regret. On comprend que seize ans après sa mort, ces héroïnes d'un jour, ou de quelques mois, aient été si nombreuses à essuyer leurs larmes dans le chœur de Sainte-Clotilde...

Et moi, qui me pleurera? Qu'ai-je donné à mes contemporains? En amour, en amitié, ai-je su me livrer, laisser de ces traces qui fécondent? Quand je regarde la trajectoire du Zubial, parfois il me semble que je n'ai fait qu'effleurer le destin des autres.

L'histoire de Sonia avec le Zubial ne dura qu'un quart d'heure, de vertige pur. Le 6 juin 1978, très exactement, entre vingt-deux heures cinquante et vingt-trois heures cinq, elle s'écarta de son sort de mère de famille, de son bonheur étroit qui mijotait alors dans la bonne ville de Loudun.

Mon père avait capté ses regards pendant tout le dîner de leur rencontre, l'avait éclaboussée de récits où il était question de ces passions charnelles qui, brusquement, font dérailler les destins les plus réglés. Son charme d'enfant dangereux avait insinué en Sonia des envies sur lesquelles elle n'avait pas voulu s'attarder. Cet homme exagérément libre et drôle lui inspirait trop de craintes pour qu'elle ne se tînt pas sur ses gardes. En la compagnie du Zubial, tout le monde redoutait d'être soudain déséquilibré. Le mari s'était bien aperçu du trouble qui gagnait sa femme, mais il ne soupçonna pas l'imminence du danger quand, en fin de repas, Sonia partit dans la cuisine préparer le café.

Le Zubial lui emboîta le pas, en débarrassant les vestiges d'un dessert. Un quart d'heure plus tard, Sonia revenait avec le café, un peu décoiffée, l'œil brillant et le rouge aux joues. Le Zubial, lui, avait quitté les lieux sans dire au revoir, en sautant par la fenêtre pour ne pas repasser devant l'assistance. Sur la table de la cuisine, il lui avait donné plus que du plaisir, le goût d'elle-même, de ses propres désirs.

Huit jours plus tard, sans que son mari comprît bien pourquoi, Sonia changea de coupe de cheveux, fit repeindre leur appartement et se mit en congé de l'Éducation nationale pour reprendre ses études de médecine à Tours. Ses trente-cinq ans ne lui paraissaient plus un obstacle. Que lui avait-il dit en la prenant ? Quel était donc le pouvoir de cet homme qui ouvrait aux femmes les chemins de leur vérité ? Je crois que sa seule présence était révolutionnaire, comme si le fréquenter donnait accès aux libertés qu'il avait conquises.

Moi aussi, enfant, j'ai ressenti cela ; et quand il est mort, je n'ai plus jamais croisé d'être humain qui ait ce talent-là, cette faculté invraisemblable de rendre les autres plus libres. Qui donc m'affranchira de mes prisons intérieures ? Qui m'indiquera les poisons capables de me mithridatiser contre ceux que sécrète ma nature ?

J'ai dix ans. Le Zubial s'est équipé d'un pied-de-biche, d'une lampe de poche et d'un fusil à pompe. Nous avons résolu de cambrioler, lui, moi et mon frère Frédéric, le château de Miramont sis aux confins de la Manche. Cette bâtisse du XVIIIe siècle endormie sous les ronces nous a toujours fait rêver. Papa nous a affirmé que la bibliothèque recèle de vieux grimoires qui contiennent tous les secrets qui nous permettront, plus tard, de fasciner les femmes.

Avec cette illusion charmante pour perspective, nous nous enfonçons dans les fourrés, gravissons un escalier à double révolution qui entoure le souvenir d'une fontaine. Autour de nous, l'été bourdonne ; tout un petit peuple d'oiseaux gazouille, siffle. Comme mon frère, j'ai terriblement peur d'être surpris par le gardien, un dénommé Courte-Barbe qui justifie que nous ayons emporté un fusil. Naturellement, j'appris plus tard qu'il n'y avait pas plus de Courte-Barbe que de pièges à loup dans le sous-bois. Mais que vaut une expédition sans péril ?

Enfin nous arrivons devant l'une des portes de l'aile droite. Le pied-de-biche nous ouvre le chemin plus sûrement qu'une clef ; les serrures sont rouillées. Nous pénétrons alors chez la Belle au Bois Dormant. Une escouade de chauves-souris nous salue de son envol ; leurs cris vont se perdre dans l'immense trouée que forment les grands escaliers. De toiles d'araignées en planchers enfoncés, nous finissons par trouver la grande bibliothèque où gisent des milliers de vieux livres. Blottis autour de notre père, nous frémissons à chaque claquement d'un volet agacé par le vent qui forcit.

Le Zubial saisit alors un grimoire à la couverture en cuir, enfile ses lunettes et commence à nous en faire lecture. J'ai bien repéré que le texte était en latin, langue qu'il ne maîtrise pas ; notre père est donc en train d'improviser. Je ne l'en écoute qu'avec plus d'attention, en me demandant toutefois pourquoi le Zubial s'est mis en peine de créer une telle mise en scène. Craint-il que ses propres paroles aient moins de poids ?

— Toujours vous créerez le merveilleux dans la vie des femmes, ânonne-t-il en feignant de décrypter du vieux français. Toujours vous demeurerez l'amant des gentes dames qui seroient complaisantes avec vous...

— Ça veut dire quoi ? demande Frédéric, de plus en plus inquiet.

Les sifflements lugubres du vent sont tels à présent que le château tout entier semble craquer. À chaque bruit, mon frère s'attend à voir surgir le terrible Courte-Barbe.

— Ça veut dire que vous allez en chier, mes chéris! Et que nous ne sommes rien sans les femmes. Croyez-moi, on ne rencontre leurs attentes que pour devenir soi en y répondant. Il n'y a de salut pour nous que dans l'art de soigner leurs frustrations. Leurs ressentiments sont nos maîtres. Quand elles vous critiqueront, écoutez-les, elles nous indiquent si souvent le plus court chemin vers notre bonheur en cherchant le leur.

Ces propos quasi théologiques pour Frédéric, qui a sept ans, ne retiennent guère son attention. Il a la trouille et voudrait déguerpir dans les plus brefs délais. Alors, pour le rassurer, le Zubial lui avoue la vérité. Nul péril ne nous guette, nous sommes ici chez son parrain, Charles-Édouard de Miramont. En somme, nous jouons à cambrioler le château d'un ami, pour *repérer* les lieux.

Le Zubial nous explique que les repérages de cinéma consistent en la recherche d'un ou plusieurs décors dans lesquels des scènes vont être jouées.

— Et qu'est-ce qui va se jouer? lui ai-je demandé.

— Une scène nocturne, que je vais représenter ici avec et pour une femme.

Nous ne connaissons pas cette Catherine qui règne sur ses sens depuis huit jours. Le Zubial considère que ladite Catherine souffre d'un manque de romantisme qu'il convient de soigner au plus tôt. Magistrat auprès du tribunal de Caen, elle a commis l'impair d'épouser un avocat jugé incompétent pour leurs affaires matrimoniales, selon le diagnostic du Zubial. Son mari, raconte-t-il, ne s'est pas aperçu que Catherine a un cœur qui ne s'émeut que dans le tumulte d'une aventure chevaleresque. L'idée de mon père est donc de lui faire cambrioler ce château où ils passeront une nuit d'amour dans la frayeur d'être surpris par un imaginaire gardien. Sa qualité de juge est de nature à augmenter sa crainte de se faire déférer devant les autorités. Sur le coup de minuit, l'assistant de l'éditeur du Zubial, en vacances dans les parages, doit faire irruption et se faire passer pour Courte-Barbe. Tous les ingrédients sont réunis pour qu'ils puissent vivre une excellente scène de comédie romantique.

Quand il nous parlait, mon père ne se rendait pas compte que nous étions encore des enfants ; d'ailleurs, moi aussi je m'adressais à lui comme s'il avait eu notre âge. Le Zubial était de son enfance comme on est d'une province ; jamais il n'en perdit l'accent. Il paraissait également ne pas être conscient que nous avions une mère, et que ses amours illégitimes avaient le don de nous inquiéter. À ses yeux, je crois que nous n'étions pas des fils mais de futurs amants.

Vingt ans après, j'ai rencontré dans une brasserie cette femme dont nous avions répété la nuit d'amour. Catherine m'a rejoint à la table où le Zubial avait ses habitudes, vêtue d'un tailleur jaune canari. Elle m'a dévisagé, puis a baissé les yeux, s'est mise à rire et, enfin, à pleurer, sans même me donner son nom. Je n'avais rien dit. L'essentiel était avoué. Que c'est beau une femme amoureuse d'un souvenir. Peu à peu, elle me parla avec pudeur, à voix basse, comme on s'adresse à un fantôme. Leur nuit de cambriolage fictif avait effectivement eu lieu dans le château de

Miramont. Jamais elle n'avait eu autant le sentiment de se glisser dans ses rêves de petite fille. Aucun homme ne lui avait donné à ce degré le sentiment d'habiter un conte. À minuit, il avait saisi son arme et tiré au gros sel sur le gardien pour sauver sa carrière de magistrat, me confia-t-elle. Je n'eus pas le cœur de lui révéler que le château appartenait au parrain de mon petit frère et que le soi-disant gardien était un éditeur parisien ; je le regrette. Que mon père eût fait courir des risques imaginaires à ce ravissant juge me paraît plus délicat.

Juste avant de nous séparer, elle eut ce dernier mot :

— Il était... il était, non il est... il est...

— Je sais.

Nous nous sommes quittés. Je l'ai regardée s'éloigner. Elle sanglotait ; sa frêle silhouette en était secouée. D'où vient que certains êtres, parfois morts, nous font mettre plus de vie dans la vie ? Nous donnent le goût d'exister sans mesure, en nous faisant souvenir que nous sommes nés pour tutoyer l'infini ? D'où vient qu'après ces rencontres pleines de glissades rien ne sera jamais plus comme avant ?

Jeanne était prostituée. Le Zubial l'aima si bien qu'il
ne lui fit jamais l'amour. Elle officiait non loin des
Champs-Élysées et, parfois, m'emmenait le mercredi,
entre deux clients, manger une glace dans le jardin des
Tuileries en compagnie du Zubial.

Peu de femmes m'ont aussi joliment parlé des
hommes, et de celui que j'étais appelé à devenir.
Jeanne était essentiellement gaie. Elle parlait vrai,
appelait un chat un chat et ses sentiments par leur
nom. Donner du plaisir avec son joli corps tout frais
ne la contrariait pas trop. La liberté que cela lui procurait l'enchantait. Chaque jour elle s'émerveillait que
la Providence l'eût faite putain.

Jeanne avait tout pour charmer le Zubial qui, sa vie
durant, usa de ses relations policières pour la faire protéger. Elle était sa sœur, son miroir le plus intègre.
Mentir avec elle n'était d'aucune utilité ; se mentir la
mettait en colère. Elle trouvait la vie suffisamment zig-
zag pour ne pas en rajouter.

Ils s'étaient connus un soir où le Zubial ne trouvait

87

personne à qui lire le dernier chapitre de l'un de ses livres. L'idée d'appeler une prostituée lui était venue comme un ultime recours. Jeanne s'était présentée chez lui deux heures plus tard, sanglée dans un imperméable noir. Habituée aux bizarreries de l'âme masculine, elle ne s'était pas inquiétée que cet écrivain veuille la payer pour écouter une lecture de quelques pages. Le Zubial s'était exécuté ; elle avait dit son émotion, et s'était alors permis des impudeurs telles en lui parlant de lui qu'il était tombé fou d'elle.

Pour Jeanne, il inventa peut-être les plus beaux moments de sa courte vie. Un soir, il remplit tout le restaurant Prunier, avenue Victor-Hugo, de Gitans déguisés en bourgeois qui, au cours de son dîner d'anniversaire, se levèrent soudain et improvisèrent pour elle une comédie musicale dédiée à sa beauté. Elle pleura. Une autre fois, le Zubial lui offrit la totalité des livres qu'il aimait, en écrivant brièvement sur les pages de garde ce qui dans ces textes l'avait ému ou blessé. Elle possède ainsi plus de deux mille titres autographiés de sa main ; ce travail considérable lui prit plusieurs semaines. Elle pleura également. J'oublie en passant les fleurs qu'il lui fit livrer pendant deux mois trois à quatre fois par jour pour que sa concierge sache bien que dans son immeuble vivait une princesse et non une catin. Cette cour folle ne visait pas à s'approprier Jeanne mais bien à lui donner tout ce que les hommes lui refusaient : tendresse, vénération pour sa noblesse, admiration pour sa féminité solaire.

Lors de l'enterrement du Zubial, Jeanne déposa discrètement un bouquet de violettes sur la pierre tombale toute neuve. Chaque jour, depuis dix-sept ans, une main anonyme vient déposer le même bouquet sur la sépulture de mon père, à Vevey, en Suisse.

Anne fut peut-être ma préférée. C'est un mercredi que nous l'avions rencontrée, dans un magasin de pianos anciens. Le Zubial m'y avait emmené pour me raconter l'histoire de chacune des pièces mises en vente. Sous l'œil étonné de la marchande, il me confia que l'un des clavecins fut offert par Talleyrand à Pauline, l'une des maîtresses de Chateaubriand, sur laquelle il avait des vues pressantes.

Réinventer l'histoire était l'une de ses passions, comme s'il eût rêvé d'être le Saint-Simon d'une galerie de miroirs sans tain; toujours il m'affirmait détenir la vérité, celle qui se trame derrière les convenances et l'hypocrisie politique. Je possède ainsi quelques centaines d'anecdotes aussi belles qu'apocryphes, relatives aux amours imaginaires des grands noms qui peuplaient mes manuels d'histoire; ce qui me valut quelques démêlés avec mes professeurs de lycée.

Dans son Panthéon, Charles Maurice de Talleyrand-Périgord occupait une place de choix. Ce diplomate-girouette qui fut de tous les régimes, de 1789 à 1834, tour à tour conventionnel, thermidorien, comploteur pour établir le Consulat, puis ministre des Relations extérieures de Napoléon qu'il jugea prudent de lâcher en 1815 afin d'accueillir Louis XVIII qui devait restaurer pour un temps la dynastie des Bourbons. Toujours il pratiqua la trahison dans l'intérêt de la France, et du sien qu'il savait mêler si étroitement. Quand nous jouions à Talleyrand, le Zubial et moi, nous nous amusions à claudiquer pour imiter la démarche de ce diable boiteux affligé d'un pied bot. Il m'avait même fabriqué dans son atelier une crosse de Prince de l'Église et une mitre en carton pour rejouer la jeunesse de cet évêque apostat qui, à la Convention, fit voter la mise en vente des biens de l'Église! Le grand Charles Maurice fut pour nous, les enfants Jardin, le seul véritable rival de Mickey et de Donald.

Ce jour-là, le Zubial m'expliquait donc que Talleyrand offrait des clavecins aux créatures qu'il convoitait; car, prétendait-il, rien ne flatte plus les femmes que les cadeaux musicaux qui changent des éternels bouquets de fleurs. J'en pris bonne note. Quand soudain il aperçut une silhouette allurée dans le magasin. Sa robe, aussi moulante qu'un bas, lui dessinait une anatomie qu'il était impossible de ne pas remarquer. Mon père me regarda alors avec sérieux et me dit :

— À ton âge, est-ce que l'on sait ce que c'est qu'une très jolie femme?

— Papa, j'ai huit ans...

J'ai répondu cela avec une irritation qui marquait qu'il m'avait offensé en me posant cette question. Plus jamais il ne fit allusion à mon âge.

La jeune femme semblait hésiter entre deux pianos, s'éloigna dans le fond de la boutique en réfléchissant. Alors, d'un bond, le Zubial se précipita sur la vendeuse, s'enquit du prix du plus cher, signa un chèque et laissa sa carte de visite. Sans tarder, nous sortîmes dans la rue. J'eus à peine le temps de bien me rendre compte que ce qu'il venait de faire était réel.

— Tu la connais, la dame ?

— Non, me répondit-il, si je la connaissais je n'aurais peut-être pas fait ce chèque ! Alors que là... un mirage, tout est encore possible...

La jeune femme l'appela, refusa ce cadeau pour ne pas se sentir des obligations, et le piano fut livré. Ils s'aimèrent cinq mois alors que les blessures d'Anne, consécutives à un divorce, l'avaient tenue loin des hommes.

Par un curieux paradoxe, Anne possédait une agence matrimoniale, rue du Faubourg-Saint-Honoré. Cela enchantait le Zubial qui, des nuits entières, passa en revue le fichier de sa clientèle en suggérant les mariages les moins assortis, en concevant avec fièvre d'improbables et monstrueux accouplements. Munis de ces photos accompagnées de notices, nous jouions avec elle comme à un jeu des sept familles. Plus mon père s'amusait avec ces fiches, plus je sentais qu'Anne aurait volontiers mis la sienne en face de celle du Zubial.

Tout ce qu'il put lui offrir fut de l'épouser fictivement, sur la scène du Paradis Latin, dans une robe de mariage comestible, en meringue. Pour un soir, le maître des lieux avait accepté que mon père et Anne montent une scène burlesque écrite spécialement par le Zubial. Les spectateurs crurent que cela faisait partie du spectacle; ils applaudirent à tout rompre ces noces de paillettes et mangèrent la robe au dessert. Quand tout fut découpé sur le corps sculptural d'Anne, il ne resta rien de ces épousailles d'un soir. Rien, sinon une trace merveilleuse et sucrée dans leur mémoire. Les souvenirs, c'est ce que le Zubial savait le mieux offrir.

Mais si Anne me plut autant, c'est qu'elle me fit goûter aux plaisirs de la prière, à une époque où je traversais une grande crise qui me portait chaque jour davantage vers Dieu. Quand je la voyais, les mercredis, elle m'emmenait chaque fois faire un tour à Notre-Dame. Nous allumions quelques cierges et j'apprenais à prier en répétant ses paroles empreintes de ferveur; puis nous allions goûter chez elle. Anne me chantait alors des cantiques qu'elle accompagnait au piano... offert par papa.

Le Zubial, lui, était assez imperméable au mysticisme d'Anne. Je ne le vis que trois fois dans un lieu de culte. Lors de l'enterrement du Nain Jaune, en l'église Sainte-Clotilde justement. La deuxième fois eut pour cadre les studios de cinéma de Boulogne, aujourd'hui détruits. On y tournait un long métrage délirant écrit par lui, une folie qui allait rencontrer l'indifférence du public et subir les sarcasmes de la critique : *Doucement les basses*, son film le plus personnel.

Pour les besoins du tournage, un décor d'église bretonne avait été construit à Boulogne.

Le Zubial m'y avait emmené pour me parler du Bon Dieu, et de ses doutes. En entrant dans cette église en polystyrène aux bénitiers sculptés dans du liège — incroyablement légers! —, j'ai le souvenir d'avoir été accueilli par un étrange curé. C'était Alain Delon, costumé en prêtre, qui, du haut de la chaire en forme de proue de bateau, nous fit un sermon sur Dieu et les femmes. Il répétait le texte de papa qui me parlait par sa bouche. En bons paroissiens, nous nous sommes assis sur un banc qui faillit s'effondrer, tant lui aussi était fictif. Je ne me souviens plus très bien des termes de cette harangue, mais il était question de croire en sa femme plus qu'en Dieu. Telle semblait être la religion du Zubial...

Mais que fuyait-il en mettant encore et toujours la vie en scène? De quels dégoûts tentait-il de se défaire? Quels chagrins se dissimulaient derrière sa difficulté d'être si joyeuse? Ses douleurs étaient telles qu'il se dispensait de les éprouver en imaginant constamment sa destinée, pour ne pas la voir, comme si la réalité de sa nature eût été insuffisante. Le grand syndrome Jardin... Cet authentique désespéré fabulait gaiement pour ne pas sentir. Il repeignait la vérité à ses couleurs afin de ne pas suffoquer de participer au monde réel.

Et moi, suis-je si différent?

Suis-je capable d'aimer la vraie vie?

Pendant dix ans, j'ai écrit des livres qui n'étaient pas celui-là pour corriger l'existence de ses imperfections, et me rectifier au passage. Arranger mes sentiments, me prêter d'imaginaires facultés en les confiant à mes personnages me dispensait de la douleur de n'être que moi-même, ce petit garçon qui, à Verdelot, était paniqué à l'idée de ne jamais pouvoir rivaliser avec ce père trop magique dès qu'il maniait les mots. Le Zubial, lui aussi, avait connu cette angoisse devant son propre père, ce Nain Jaune qui subjuguait ses interlocuteurs. Si nous avions pu en parler, peut-être serions-nous devenus des frères, au lieu de porter tous deux nos blessures en affectant en société des airs de légèreté. La langue française appelle cela de la pudeur ; j'y vois de plus en plus une infirmité.

La troisième fois que mon père entra dans une église en ma présence, c'est l'après-midi de son enterrement, à l'horizontale. Cette fois, l'église n'était pas un décor. Le curé de Sainte-Clotilde n'était pas non plus Delon, même si ce dernier monta bien sur la scène pour lire un texte de papa. Le rôle du prêtre était tenu par l'un des amis du Zubial, ensoutané pour de vrai, un énergumène qu'il avait jadis tenté de faire échapper du petit séminaire. Anne était là, au milieu de la foule encore étonnée par la mort du Zubial ; j'étais content qu'en ce jour elle crût en Dieu pour lui. Michel Audiard, le dialoguiste, se pencha vers moi et me confia de sa voix éraillée :

— Tu vois, petit, même en plein mois d'août, il fait église pleine ton papa !

Et il moucha ses larmes dans un kleenex ; puis il donna son paquet à un voisin en disant :

— Faites passer...

96

Je me suis alors approché du chœur pour aller m'asseoir près de celle qui fut son étoile polaire, sa pythie, sa Vierge noire et son Dieu : ma mère.

Le Zubial demeura toujours dans l'orbite de ma mère, même lorsqu'il se crut libéré de sa force d'attraction. De toutes ses conquêtes, elle seule fut son centre de gravité. Toujours il revint vers leur passion, irrésistiblement. Et quand il se sentit faiblir sous les injures physiques de la maladie, c'est en face d'elle qu'il voulut couler ses derniers mois, pour que leur histoire ne demeure pas inachevée.

Avant toute chose, le Zubial fut son mari.

Je ne suis donc pas le fils d'un père mais d'un époux, d'un homme qui ne trouva le sens de son passage sur Terre qu'en aimant sa femme, avec fureur.

Ma mère le ramena toujours, avec une douce obstination, vers lui-même ; plus il l'évitait plus il se fuyait. Elle n'était pas dupe des rôles d'enchanteur qu'il s'attribuait, tout en les goûtant, sans quoi il se fût carapaté pour de bon. Par d'habiles chemins détournés, je la vis souvent lui apprendre à aimer sa véritable nature, en laissant un peu de côté les artifices.

Pourtant, je le répète, elle se laissait volontiers griser par ses manèges dangereux ou charmants. Plus d'une fois, tandis que nous bricolions dans l'atelier de Verdelot, je m'entretins avec le Zubial de scènes qu'il entendait lui faire vivre. Tout en ponçant, en rabotant des objets inutiles, je l'aidais à régler le suspense des heures romanesques qui attendaient ma mère. Nous concevions ensemble des scénarios, des répliques, des stratagèmes. C'était une manière de jeu de société que je préférais au Monopoly ; j'apprenais ainsi mon métier de romancier, à mon insu. L'enjeu de nos saynètes était l'intensité des sentiments qui reliaient ces deux fous d'amour. Nos acteurs, bien vivants, étaient ma mère et lui-même.

Jouer à l'hôtel était notre passe-temps favori. La règle était simple. Nous imaginions, le Zubial et moi, son prochain séjour avec ma mère dans un palace où il lui ferait connaître mille turpitudes exaltantes, des instants pleins d'inquiétude ou de bonheur. Puis, dix jours ou un mois plus tard, le Zubial me faisait un compte rendu scrupuleux dans l'atelier, en restant évidemment évasif quand la pudeur l'exigeait. Nous pouvions alors comparer nos espérances et la réalité des scènes d'amour que nous avions concoctées. La longue aventure de mes parents me semblait aussi palpitante qu'un bon Jules Verne, plus encore même car ce récit était interactif. Mon père était mon héros, mi-Capitaine Nemo mi-personnage de Lord Byron.

Le scénario de base de ce *jeu de l'hôtel* exigeait que mes parents se présentent à la réception d'un établissement, normand en général, à un quart d'heure d'in-

tervalle, pour prendre chacun une chambre indivi-
duelle, réservée sous un faux nom. Ensuite, tout était
permis. Ils pouvaient faire semblant de ne pas se
connaître pour mieux se rejoindre en douce ou s'amu-
ser à se rencontrer en endossant des rôles toujours
neufs.

Plus tard, beaucoup plus tard, j'ai moi-même eu
l'envie de jouer à ce jeu très Jardin, porté par l'excitation de reconquérir ma femme qui, selon les saisons,
aurait porté des perruques brunes ou rousses, des len-
tilles de couleur et des vêtements inattendus, tandis
que je me serais déguisé en louant au Cor de Chasse,
à Paris, des costumes qui m'auraient entraîné vers des
rôles encore vierges pour moi. Mes accents auraient
varié, et mes désirs se seraient alors réveillés, comme
au premier jour.

Mais je n'ai jamais osé proposer à ma femme de
nous concerter pour que renaisse ce rite étrange qui
me vient de mon enfance. Ces jeux comportent trop
de fausseté pour lui plaire. Elle n'aurait pas apprécié
que je réédite ces pratiques qu'elle savait être du
Zubial; ma femme raffole des instants où je suis vrai
comme d'autres du chocolat. Sans doute m'aurait-elle
suspecté de m'éloigner de moi-même, et les appa-
rences lui auraient donné raison.

D'où vient cette manie propre à notre famille de
rendre théâtre ce qui pourrait être naturel comme si
nous n'avions pas confiance en notre faculté d'impro-
visation, en nous-mêmes. Mais nous ne jouons que
nos sentiments réels, pour les parfaire, les ajuster à
notre nature et leur donner leur véritable ampleur.

Feindre ce que nous n'éprouvons pas nous paraîtrait une faute de goût. Chacun s'approche comme il peut de sa vérité...

La dernière fois que j'ai tenté de jouer à ce *jeu de l'hôtel* avec ma femme, sans l'en avertir, j'eus une pensée émue pour mon drôle de papa. Dans le miroir de la chambre d'un hôtel délicieux, à Saint-Rémy-de-Provence, tandis que j'enfilais des vêtements de Québécois du grand Nord, j'ai cherché le Zubial au travers de mes traits. Il était bien là, frémissant dans mon regard, souriant par la commissure de mes lèvres. J'eus le sentiment, fugitif, d'être son reflet et lui l'initial. Était-ce moi ou lui qui allait débouler dans le hall de cet hôtel provençal afin de jouer à rencontrer ma femme pour la première fois ? Était-ce lui ou moi qui allais adopter un accent québécois ? Un instant, j'eus peur de rater mon entrée, que ma cour fût inefficace. Si j'étais mauvais, Hélène pouvait fort bien trouver la plaisanterie sans charme et y mettre un terme. Cette frayeur m'enchanta, me rendit à moi-même, à ma filiation. Le Zubial avait tant joui de cette crainte lors d'escapades semblables avec ma mère.

En descendant l'escalier, je me demandais si un jour je finirais d'être Jardin ou si nos rêves ne me quitteraient jamais. Je me repassais la scène prévue, répétais mon dialogue et, au moment où je vis ma femme, à l'autre bout du hall, je m'aperçus soudain que j'avais oublié un accessoire essentiel ! Aussitôt, je rebroussai chemin.

Dans la chambre, je fouillai mon sac et, avec horreur, constatai que j'avais oublié à Paris ma canne

102

blanche. L'ensemble de mon scénario était caduc. Mon intention première était de jouer à l'aveugle pour, un week-end durant, demander à cette jeune femme — la mienne! — de me prêter ses yeux en lui faisant d'abord décrire les lieux, la végétation, puis nos physiques et, enfin, nos sentiments naissants. Mes scènes étaient réglées, mes répliques ajustées, mon jeu assez au point. Qu'allais-je faire? Dans ma panique, j'eus alors l'idée d'exhumer un vieux scénario du Zubial, inverse de celui que j'avais prévu.

En toute hâte, je plaquai mes cheveux indisciplinés avec du gel, fixai une moustache sous mon nez, mis les lunettes noires que j'avais apportées et une casquette aux couleurs d'une équipe de hockey d'Abitibi (Québec). Ainsi équipé, et vêtu des frusques que j'avais dissimulées dans ma valise, Hélène ne pouvait pas me reconnaître au premier coup d'œil; d'autant qu'elle me croyait parti pour l'après-midi à Marseille.

Calmement, je descendis et me dirigeai vers la mère de mes enfants qui buvait un verre au bar de l'hôtel. Elle leva les yeux. Je feignis de ne pas la remarquer, passai devant elle, repassai et m'assis enfin à proximité de sa table. Loin de m'identifier, elle en parut d'abord gênée, puis amusée; l'immense salle du bar était déserte et j'étais venu me coller contre elle! Une demi-heure durant, occupée à feuilleter des magazines, elle parut attendre que l'inconnu que j'étais risquât quelques mots, une avancée, tant il était évident que je m'étais placé là pour l'aborder; mais rien ne vint. Je demeurais immobile, à l'observer en ayant l'air de lire un quotidien, en me contentant de jeter de temps à autre une olive sur sa table, histoire d'attirer son attention. Puis je replongeais dans mon journal qui, déplié, me dissimulait assez bien.

Je jouissais de la regarder à la dérobée, en m'efforçant de voir ce que je ne percevais plus en elle. Et, dans cette distance maintenue, je décelai plus d'indices de ses frustrations qu'en bien des mois de promiscuité conjugale. En décryptant sa physionomie, je m'attachais à deviner sa nature, ses besoins et ses inclinations, tout ce qu'elle me taisait et que son corps suggérait, révélait. Affranchi du brouhaha de notre quotidien, j'étais enfin avec elle, en compagnie de cet être si faussement transparent.

De temps à autre, je pensais à ce que le Zubial m'avait raconté d'un week-end semblable avec ma mère. Quelques détails me revinrent quand, brusquement, il m'apparut que j'étais en train de devenir fou. Car enfin, ce dialogue avec ses mânes était à sens unique! Le lien que je perpétuais entre mon père et moi n'existait que dans mon cerveau malade de fils trop tôt sevré.

Alors j'eus besoin de rédiger ce livre, que l'écriture rende réelle notre filiation qui, toujours, me sembla un songe. Ce texte me serait comme une reconnaissance en paternité que je signerais de son nom : Jardin. Il me fallait retrouver mon père en ce lieu qui présente pour moi plus de vérité que le monde sensible : un morceau de littérature. Là, à l'abri des mots, je savais que mes sentiments véritables pourraient m'atteindre, que mes manques ne m'esquiveraient plus. Au fond, ce n'était pas sa présence que j'avais le désir de ressusciter mais son absence, qui fut peut-être plus grande encore de son vivant.

Certes, je voyais souvent le Zubial; ce récit l'atteste. Mais c'était le fils du Nain Jaune ou l'amant de ma mère qui m'entraînaient dans leurs cavalcades parisiennes. C'était un homme qui aimait les femmes que je retrouvais dans notre atelier de Verdelot, ou bien Pascal Jardin que l'on saluait dans les restaurants qu'il me montrait pour nous montrer. Mon père, lui, eut toujours le plus grand mal à se produire devant moi; ce rôle de composition était sans doute pour le Zubial un contre-emploi. S'il intéressait son amour-propre, il ne satisfaisait pas ses besoins. Pourtant, il me légua tant de rêves, tant de questions, qu'il m'arrive de me prendre pour un héritier.

Peut-on vivre sans joie? Au lendemain de sa mort, je découvre que la réalité privée de sa fantaisie est pour moi une punition. À quinze ans, le malheur d'exister me gagne. Brutalement, Verdelot se dépeuple de ses rires effrénés, de ses maîtresses somptueuses, de ses animaux de cirque, de ses inventions et de la folle gaieté qu'il imprimait sur tous lorsque nous faisions la cuisine en imaginant des procédés d'alchimistes, ou quand nous sondions les murs de la maison pour mettre la main sur un trésor.

La dernière fois que j'ai vu Claude Sautet à Verdelot, du vivant du Zubial, il était au fond d'un trou gigantesque, dans la cour, une pioche à la main, en train de creuser avec ardeur, excité par les propos véhéments de mon père. Vêtu d'un peignoir et d'une peau de chat, papa s'agitait autour de la fosse, l'exhortait à ne pas mollir, en lui jurant que c'était bien là que les prieurs de l'abbaye avaient enterré le produit de cinq siècles de dîme. Et Claude piochait. Les mains constellées d'ampoules, il s'activait, entrait dans la danse du Zubial, participait à sa jubilation. Non loin, devant la cuisine, deux ex-amants de ma mère faisaient rôtir des pilons d'autruche sous les yeux éberlués de mes copains de classe.

Mais de quoi était-elle faite cette joie effarante, zubialesque, qui ensorcelait tout le monde ? Cette marée qui submergeait les plus chagrins, emportait les mélancoliques de tout poil et faisait se déboutonner les grands timides ? Sa présence avait le pouvoir d'éveiller en chacun le goût de l'extravagant et de la fête.

Décidions-nous de visiter les châteaux de la Loire ? Il louait trois montgolfières et autant de porte-voix de plateau de cinéma pour communiquer dans le ciel. Dès le lendemain, nous décollions de Chenonceaux, le temps de réunir le matériel qui se révélerait inutile lors de notre périple : des lampes de spéléologues, une tenue d'aéronaute digne de Saint-Exupéry, qu'il s'attribua, des oreilles de Mickey pour les enfants, une tente anglaise du dernier chic, au cas où il nous faudrait bivouaquer dans la savane tourangelle, quelques armes pour défendre les femmes de l'expédition, des vivres en abondance, quelques citrons afin de ne pas souffrir du scorbut si nous restions bloqués dans les airs par des courants ascendants, cinq longues-vues, deux pigeons voyageurs pour communiquer notre position d'atterrissage. Deux car faire transhumer un couple lui semblait plus émouvant. Et puis, une grande quantité d'oreillers, de peaux de bique, histoire de lutter contre les grands froids, et des mitaines d'épaisseur variable.

C'est ainsi que nous appareillâmes, un samedi matin, en compagnie d'un couple d'acteurs excessivement célèbres, du plombier de Verdelot qui nous tiendrait lieu de machiniste, d'un écrivain chauve, également dialoguiste, d'une amie peintre chargée de rapporter de notre odyssée quelques croquis, et de quelques enfants, dont moi. Le metteur en scène Philippe de Broca, grand aéronaute, s'était également joint à notre équipée ; il monta dans sa propre nacelle. Ma mère et les maîtresses du Zubial n'avaient pas été jugées aptes au voyage, au cas où nous tomberions dans le jardin d'une très jolie femme. L'éternel amoureux entendait se réserver toutes latitudes.

Je m'étais installé dans la montgolfière du Zubial rebaptisée le *Nautilus* pour la circonstance. Papa donnait du *mon bon* à notre pilote, un Angevin qui refusa de porter le casque en cuir qu'il lui présenta. Le Zubial savait fort bien que toute cette agitation ne rendrait pas les châteaux de la Loire plus féeriques, mais il tenait à ce que chaque instant, chaque situation fût célébrée et vécue comme une occasion exceptionnelle d'exister.

Nous survolâmes des forêts où copulaient des cervidés, des vergers abondants, un mariage plein d'inconscience, d'innombrables gentilhommières entourées de houles de vignes soignées, du bonheur étalé sous nos pieds. Tout en goûtant un cigare, le Zubial m'expliquait que ce que nous voyions était la France, la vraie, celle dont nous parlions la langue formée pour exprimer la joie de participer au monde sensible. Au passage, il éructa contre le goût du malheur qui détériorait nos contemporains, vitupéra contre lui-même, et déclara que nous autres, les Français, étions faits pour lutiner les femmes et non payer des impôts.

Les trois nacelles flottaient parmi les nuages depuis quelques heures, ponctuées de commentaires du Zubial criés aux autres ballons à l'aide de son porte-voix, quand il aperçut un admirable petit château en pierre blanche. Dans un parc à la française jouaient sept jeunes filles, toutes rousses, que de Broca identifia à la longue-vue comme des sœurs. Nos propos étaient évidemment entendus de tous les Terriens puisque de ballon en ballon nous communiquions avec ces hurloirs à piles. L'excitation était à son comble. Nous décidâmes de regagner la terre ferme.

Mais quand le ballon amiral fut sur le point de toucher le sol, sous les fenêtres du château, le Zubial actionna les manettes et nous reprîmes de l'altitude, au prétexte que, vues de près, les créatures étaient ingrates. La vérité, qu'il me confia plus tard, était que ces jolies filles resteraient des songes, des aventures immatérielles, matière à exciter nos rêveries, à le consoler des femmes réelles, à écrire.

Ce jour-là, chaque fois qu'il fut question de se poser, le Zubial s'y refusa in extremis, arguant de fausses raisons. Je crois que le survol de ces demeures remplies de femmes intouchables l'enchantait plus que tout. À la longue-vue, il examinait ces amantes qui ne le chagrineraient jamais, ces épouses fidèles en son esprit, ces histoires en jachère qu'il pourrait raconter ensuite sans avoir pris la peine de les déflorer.

C'est d'ailleurs ce qui arriva. Nous rentrâmes le soir

même, sans que notre matériel de survie eût même été déballé, sans avoir fréquenté personne d'autre que les oiseaux. À peine eut-il foulé le sol que le Zubial commença à concevoir les récits merveilleux que nous pourrions tirer de cette absence d'aventures. Les sept rousses devinrent *les quatorze fesses*, nous étions ivres de leur corps généreux, naturellement, et tutti quanti.

Par la suite, plus il fabula sur ce périple en ma présence, plus nous resserrâmes notre connivence; j'en rajoutais parfois une pincée de mon cru. Je crois même que la plus jeune de ces sept rousses devint un temps mon premier amour. Notre voyage en ballon entra dans notre légende personnelle, devint mieux qu'exact : enfin réel, car paré de tous les attributs qui le rendaient digne de l'être. D'ailleurs, parfois, il m'arrive encore de songer aux *quatorze fesses* avec nostalgie...

La joie communicative qui émanait du Zubial était faite d'un étrange parfum d'irréalité, lequel tenait à sa façon de tout revisiter à l'aune de ses fantasmes et à son goût pour les situations invraisemblables. Mais il ne mentait que pour dire sa vérité, rarement par intérêt, jamais pour se cacher. Cependant, et ce n'était pas là le dernier de ses paradoxes, mon père fut l'une des personnes les plus incarnées que je connaisse. Ses sens exigeants, qu'il tenait de sa mère, l'attachaient à la réalité, lestaient son naturel rêveur. Les appétences multiples qui le tenaillaient firent de lui un excellent cuisinier, un danseur invétéré, un ébéniste prolifique et un masseur hors pair. Peu d'intellectuels ont autant existé par leur corps.

111

Faire la bouffe avec le Zubial me réjouissait. À Verdelot, il avait construit avec l'aide des amants de ma mère une cuisine immense où s'entassaient toutes sortes d'appareils fabriqués à sa demande par des artisans complices : des machines à vapeur en bambou, des cuiseurs d'œufs en pierre ponce, des fours à sel, des tournebroches pour grenouilles, des broyeurs de tomates qui séparaient la pulpe et les pépins, une batterie d'ustensiles propres à cuire à l'étouffée les mets les plus improbables, des séchoirs en batterie destinés à lyophiliser nos légumes, des hydrateurs de fruits, les couteaux les plus biscornus, des tranchoirs de toutes tailles, un alambic qui lui servait à faire de l'alcool de groseille, de poireau, de feuille d'impôt, etc. Cette dernière décoction alcoolisée, à base d'une marinade de rappels du fisc, l'enchantait particulièrement. L'ensemble était accroché au plafond à des poulies dont les filins formaient une vaste toile d'araignée. Que l'on se figure un laboratoire culinaire où s'activait ce passionné d'alimentation qui ne cuisinait que pour séduire, les autres et lui-même ; car, dans ce rôle de cuistot alchimiste, le Zubial se plaisait énormément. Ma sœur, mes frères et moi occupions les fonctions de marmitons.

Ses invités prenaient place en bout de table, exécutaient les menus travaux. J'ai toujours vu à cette place quelques-uns de ses metteurs en scène, occupés à épépiner des groseilles ou écaillant les grosses carpes qu'allait pêcher Jeanine, notre femme de ménage, qui déplorait les pratiques de mon père.

— Non Monsieur Jardin, un rôti de veau ça se cuit dans un four !

Le plus étrange dans tout cela était que la cuisine du Zubial était excellente. Il tenait de sa mère un goût très sûr, mûri par une longue fréquentation des grands restaurants et servi par un palais étonnant, une sorte de radar à saveurs qui guidait ses gestes imprudents.

Un jour, le Zubial avait reçu un bout de crocodile marin, en provenance des îles Marquises, une grande queue qu'il ne savait comment cuisiner. C'était Jacques Brel qui la lui avait envoyée, accompagnée d'un mot elliptique : *Tout se mange... Jacques.*

Deux heures durant, nous téléphonâmes à quelques sommités de la bectance pour être éclairés par leur savoir qui, en l'espèce, se révéla nul. Aucun chef ne savait au juste comment traiter l'admirable queue du poète. Fallait-il la plonger dans l'eau bouillante ? La frire ? La découper en filets ? Servir le crocodile avec une sauce batave, dite hollandaise ? Ces instants où la marche à suivre était inconnue de tous avaient le pouvoir de ravir le Zubial. Il lui semblait alors qu'il était dans son eau. Ne l'intéressaient au fond que les circonstances où exister échappait aux règles. Mais, dans le doute, nous décidâmes de congeler l'énorme bout de viande poissonneuse.

Puis Brel mourut et jamais le Zubial n'osa manger la queue. Chaque fois que nous ouvrions le congélateur, il nous semblait que nous possédions un bout de la chair du poète qui gisait dans ce sarcophage glacial. À plusieurs reprises, ma mère voulut s'en séparer, au prétexte que cette viande sanguinolente était désormais impropre à la consommation. Le Zubial assenait invariablement que, si les mammouths étaient parvenus jusqu'à nous dans les glaces sibériennes, ce crocodile marquisien pouvait fort bien patienter encore quelques années.

Puis mon père mourut, lui aussi. Quand je revins pour la première fois à Verdelot, le spectacle de sa cuisine me fendit le cœur. Qui donc pourrait encore animer ce lieu surréaliste ? À qui serviraient ces appareils à expérimentation culinaire ? Alors, comme pour vaincre ce chagrin de mes quinze ans, je résolus de les employer une dernière fois pour cuisiner la queue de Brel.

Une matinée durant, nous avons joué, mes frères et moi, à concocter un ragoût de crocodile. Entre rires et larmes, nous fîmes fonctionner cette machinerie absurde et, quand tout fut prêt, c'est notre mère qui découpa le reptile marin. La place du Zubial était vide. Même la queue caoutchouteuse avait le goût terrible de son absence. Mais personne n'osa dire que c'était infect. Chacun mastiqua sa part jusqu'à la dernière bouchée.

Tout le monde fut malade ; je faillis y passer à mon tour, tant la chair du poète se révéla toxique. Mais que ne ferait-on pas pour que se perpétuent les liens qui nous font exister ?

Dix-sept ans après sa disparition, que me reste-t-il du Zubial? Un seul objet : une raquette un peu particulière qu'il fabriqua lui-même, taillée dans une branche de pommier qui forme un cercle irrégulier. Le tamis en nylon qu'il improvisa a de ces vagues qui en rendent l'usage incertain. Ce cadeau étrange, à son image, le Zubial me l'offrit pour l'anniversaire de mes sept ans, accompagné d'une carte de visite sur laquelle il avait écrit au dos : *raquette pour idées folles. Papa.*

Craignait-il que l'âge de raison ne fût fatal à mes goûts trop personnels, à mes rêves, qu'il avait tant contribué à former? Cette raquette était tout son legs, tout ce qu'il jugeait nécessaire à mon passage sur Terre, un instrument propre à faire rebondir de travers les idées qu'on me lancerait, une raquette destinée à me faire perdre le contrôle de mes coups trop volontaires, une invitation à suivre des directions imprévues.

Aujourd'hui que je suis devenu un animal réglé par le quotidien, entravé par la crainte d'être totalement moi-même, je regarde cette *raquette pour idées folles* comme un programme dont l'ambition m'effraie. Comment n'eut-il pas lui-même la trouille d'être ce qu'il osait être ? Comment parvint-il à ne jamais se borner ?

Imaginez que vous êtes lui. Imaginez que vous vous donnez soudain le droit d'être furieusement heureux. Oui, imaginez une seconde que vous n'êtes plus l'otage de vos peurs, que vous acceptez les vertiges de vos contradictions. Imaginez que vos désirs gouvernent désormais votre existence, que vous avez réappris à jouer, à vous couler dans l'instant présent. Imaginez que vous savez tout à coup être léger sans être jamais frivole. Imaginez que vous êtes résolument libre, que vous avez rompu avec le rôle asphyxiant que vous croyez devoir vous imposer en société. Vous avez quitté toute crainte d'être jugé. Imaginez que votre besoin de faire vivre tous les personnages imprévisibles qui sommeillent en vous soit enfin à l'ordre du jour. Imaginez que votre capacité d'émerveillement soit intacte, qu'un appétit tout neuf, virulent, éveille en vous mille désirs engourdis et autant d'espérances inassouvies. Imaginez que vous allez devenir assez sage pour être enfin imprudent. Imaginez que la traversée de vos gouffres ne vous inspire plus que de la joie.

C'était tout cela être le Zubial.

Comment réussit-il à tenir quarante-six ans ?

Pour faire un Zubial, il fallut une famille hors normes. Son père, Jean Jardin dit le Nain Jaune, fut un homme d'influence occulte. Toujours occupé à intriguer dans les salons privés de la vie politique, à infléchir la conduite des hommes en place, il gouverna assez peu l'éducation de ce fils turbulent, trop vite livré aux mains d'une mère excessive qui le vénérait.

Ma grand-mère, Simone Jardin dite Moutie par ses petits-enfants, est cause des dérèglements de notre famille. C'est elle l'écrivain véritable de notre tribu, bien qu'elle ne rédigeât jamais que sa correspondance. Moutie avait un style propre en tout — elle confectionnait elle-même ses vêtements depuis 1920, selon son goût si particulier qu'elle définissait comme *le chic* — et un langage qui n'était qu'à elle. Dans sa bouche, une souffrance était nécessairement *insondable,* une rencontre *fulgurante,* un amour *irrémédiable*; sinon cela ne valait même pas la peine d'y faire allusion.

Le matin, l'inénarrable Madame Jardin mère décrochait rituellement son téléphone pour sonder ses fournisseurs sur leurs arrivages, jugeait superflu de se présenter et se faisait livrer *ses viandes* ou *ses fioles*, entendez un cachet d'aspirine ; ses pluriels étaient son singulier, ses souhaits toujours exécutoires. Sa vision primait sur tout, ses désirs seuls définissaient le cadre du réel, qu'elle n'accepta jamais ; elle le toléra parfois, sans toutefois s'y ajuster. En 1976, à la mort de son mari paratonnerre qui la protégeait de tout, elle dut régler elle-même ses factures et s'étonna que le veau eût augmenté depuis 1932.

Toujours elle s'évadait dans ses pensées romanesques quand la vie manquait de talent à ses yeux. À table, lui parliez-vous d'un sujet trop ordinaire ou qui la rasait ? Vous deveniez illico transparent, elle se mettait à siffler en regardant en l'air, que vous fussiez son petit-fils ou le Premier ministre de Charles de Gaulle. Mais si vous évoquiez Rilke ou Giraudoux, elle vous resservait. Un soir où la conversation roulait sur la politique, entre le Nain Jaune et quelques très puissants de ce monde, elle s'était endormie au cours du repas, pour s'échapper ; son visage était tombé dans son assiette de soupe ! C'est son valet de chambre qui m'avait raconté la chose le lendemain, encore stupéfait qu'elle eût recommencé malgré les remontrances du Nain Jaune. C'était la troisième fois. Un gendarme lui adressait-il la parole dans la rue ? Elle ne lui répondait même pas, au motif qu'elle ne reconnaissait aucune autre autorité que celle de ses envies.

Un jour qu'elle avait résolu d'annexer une partie du jardin de sa voisine et que mon frère Frédéric refusait d'aller rosser la propriétaire avec sa canne pour qu'elle obtempérât, elle lui claqua la porte au nez en s'exclamant :

— Il n'y a plus d'hommes ! Il n'y a plus d'hommes !

Mon oncle Gabriel lui cria que nous devions respecter une certaine équité. La porte se rouvrit alors et Moutie nous déclara :

— Je ne connais de justice que dans la défense des gens qu'on aime !

Et elle claqua à nouveau la porte.

Telle était la mère du Zubial qui, de 1905 à 1996, entendit vivre la totalité de ses désirs, sans exception, et vitupéra sans retenue quand, par extraordinaire, la réalité ne se soumettait pas. Les esprits lucides verront en elle un monument d'égoïsme ; ils n'auront pas tort. Mais elle l'était à un degré tel que cela en devient une curiosité ethnologique. Et puis, il y avait quelque chose d'extravagant à voir cette femme être absolument l'auteur de son existence.

Ma grand-mère vivait en Suisse, au bord du lac Léman, et ne sortit pratiquement jamais de son jardin. D'ailleurs elle ne possédait pas de carte d'identité, sûre qu'elle était d'être elle-même et de savoir en persuader quiconque en douterait. À peine franchissait-on la grille de son parc que l'on quittait le territoire helvétique pour entrer dans un monde à part, follement Jardin.

La Mandragore, sa maison, était un lieu où n'avait cours qu'une seule monnaie : l'extrême singularité. Aucune mode n'y pénétrait, aucune valeur extérieure n'y faisait souche. Moutie tenait le travail en horreur, sous l'excellent prétexte qu'il éloigne les hommes des femmes. Les nécessités économiques lui importaient peu ; elle en voulut toujours au Nain Jaune de passer tant de temps à gagner leur vie et ne lui en sut jamais gré. À ses yeux, le christianisme demeurait une curiosité, le capitalisme un mystère, la police un anachronisme, le salariat un malentendu, la sécurité sociale une énigme. Tout ce dont parlaient les journaux était évacué de son univers ; d'ailleurs elle n'en lisait aucun. C'est à peine si elle nota que Mitterrand avait un jour succédé à Giscard. En revanche, elle s'émouvait d'une remarque jaillie sous la plume d'Aragon, se remplissait de l'Amérique latine par le truchement de ses auteurs, s'insurgeait contre le scandale d'une impropriété qui salissait la prose de son amant Paul Morand, que le Nain Jaune avait chassé quelques années auparavant de La Mandragore, à coups de revolver.

Les livres donnaient à Moutie des nouvelles de la réalité, les romans l'entretenaient de l'essentiel, l'alimentaient en frissons à sa mesure, lui ouvraient les portes de perceptions neuves ; sans interruption, les écrivains lui tinrent lieu de garde, trop rapprochée au goût de son mari.

Chez elle, on ne croisait personne qui ne fût d'abord un personnage. Au petit déjeuner surgissaient des individus irrécupérables, tout un zoo humain qui me ravissait : un militant écolo qui vivait pieds nus, facteur d'épinettes de son état, un rabbin véhément qui traitait d'hérétiques ses interlocuteurs, un grand éditeur parisien venu se masturber sur les rives du Léman pour oublier son homosexualité, un universitaire québécois au physique humide qui entretenait une liaison aussi torride que platonique avec une princesse indienne, des jeunes filles à qui l'on prêtait des qualités à la hauteur de leur beauté, un syndicaliste bulgare qui venait se faire masser les pieds par ma grand-mère, le chroniqueur d'un magazine de la bonne bourgeoisie, grand opiomane, qui rédigeait seul, à ses heures, un canard de confessions érotiques, tout en droguant sa chienne pour se consoler de ses amours orageuses avec sa propre sœur, un extraordinaire agent du KGB qui possédait une chevelure aux allures de vieille moquette et assurait avec zèle le financement des partis politiques français en pompant les finances du patronat, des ministres égarés qui se dédommageaient du hasard des urnes en forniquant avec la voisine, des riches ruinés, tout un bric-à-brac humain qu'elle ne jugea jamais.

C'est dans cet univers quasi fictif que le Zubial grandit et affermit ses facultés. Les chaos de la guerre l'avaient tenu à l'écart d'une scolarité normale, ses instincts libertaires l'en avaient encore éloigné et la bénédiction de sa mère avait achevé de faire de lui un presque illettré à seize ans. Un jour que je demandais à Moutie si cette situation ne l'avait pas inquiétée, elle me répondit :

— Mon chéri, ton père avait appris des choses bien plus importantes que la maîtrise de l'orthographe...

Effectivement, pour ondoyer dans l'univers Jardin, ce bagage n'était pas indispensable. Inutile de lire les écrivains ; écouter Giraudoux à table suffisait pour découvrir sa langue. Fréquenter les philosophes était

121

un sport qui se pratiquait en barque sur le lac Léman, ou au cours d'excursions alpestres sur les traces de Rousseau. Moutie pensait que le baccalauréat n'était nécessaire qu'à ceux qui rêvent d'une carrière, non d'un destin sur mesure. Quand le Zubial me demandait l'orthographe d'un mot, et que je répondais avec justesse, ma grand-mère me regardait avec pitié, comme si j'avais fait partie d'une classe honteuse. Au fond d'elle-même, Moutie était navrée que ma mère m'eût cantonné dans les prés trop carrés de l'éducation légale qui, à ses yeux, borne les êtres et produit des diplômés qui ne savent que ce qu'ils ont appris.

Lorsque le Zubial devint gigolo à quinze ans, sa mère applaudit des deux mains, se félicita que la Providence eût envoyé une telle initiatrice dans les bras de son fiston. Un des amis d'enfance de mon père, qui, à l'époque, couchait avec le chauffeur de la dame, me raconta une anecdote éclairante sur la nature des liens qui unissaient alors le Zubial et sa mère.

Au cours de l'une des réceptions burlesques données par le jeune Pascal dans son Petit Trianon helvétique, on le cherchait partout. Lui et Clara avaient disparu. Quand il fallut passer à table, ils resurgirent tous deux, encore illuminés par leurs privautés. La dame terminait à peine de remettre ses cheveux en place. Assis près de lui, en bout de table, son ami se pencha alors pour dire au Zubial :

— Fais gaffe en te levant, tout à l'heure, tu as du rouge à lèvres autour de la braguette...

Et mon père lui répondit :

— Ça n'a aucune importance, il n'y a que maman qui a remarqué !

Moutie ne tolérait pas les écarts de son fils, elle les favorisait, de peur qu'il ne vive une jeunesse trop normale. De même fut-elle ravie lorsqu'il plaqua sa maîtresse fortunée, rendit les bagues et les douzaines de chemises, pour devenir ouvrier papetier dans une usine du Massif central, à dix-huit ans. Cette volte-face comportait assez d'excès pour qu'elle reconnût en lui son propre sang. Beaucoup de gens n'ont jamais cru à la véracité de cet épisode ouvrier de la vie du Zubial ; mais, je le répète, l'improbable était son lot.

Ces années dures pour ce fils de bourgeois, ami du fil d'Écosse et des vins fins, furent une manière de purgatoire. Dans les ombres d'une usine où il s'écœurait de vivre, son caractère acheva de se dessiner, son rejet absolu de l'ordre devint un pli essentiel de sa nature. Loin de virer à gauche, il quitta ses réflexes de jeune homme de droite pour s'enfoncer dans un anarchisme tripal, ennemi de toutes les chefferies, petites ou grandes. Ses idées, politiques et autres, étaient plus des dégoûts ou des engouements tonitruants que des concepts à l'architecture claire. La minceur de sa vie intellectuelle n'avait d'égal que l'éclat et la munificence des mouvements de son cœur. Jamais je ne le vis raisonner avec quelque suite, comme s'il avait jugé impudique de paraître intelligent ; j'en ai souffert...

Été 1975. Pour la première fois, je vois mon père humilié. J'ai dix ans. Nous sommes en train de pêcher à l'explosif dans les douves de la propriété poitevine de mes grands-parents maternels, contre l'avis formel du maître des lieux. Tandis qu'il remplit des canettes de bière de poudre noire, le Zubial me parle de sa douleur d'être *un fils de collabo*, de cette honte imprescriptible qui n'a d'égal que son amour pour son propre père.

J'ai mal pour lui, pour son innocence. Payer dans son cœur les choix politiques de son papa est une injustice qui le poursuit sans remise de peine, bien que le cas du Nain Jaune, homme de toutes les tractations en coulisses, soit plus complexe que l'étiquette infamante ne le suggère.

Nous faisons péter une nouvelle canette. Une vieille carpe remonte à la surface, le ventre à l'envers, dans un remugle de vase, image de son désarroi. Il me parle de son père, de ses courages, de son double engagement, à Vichy et en faveur de l'armée de l'ombre, à

Berne, de ses longues négociations avec l'Amérique de Roosevelt. Plus il me dépeint l'envers secret d'une guerre compliquée, plus je comprends l'ampleur de sa souffrance de petit garçon. On ne défend pas son père si on ne sent pas que l'histoire l'accuse et que la morale le réprouve. Si le mystérieux Nain Jaune est un jour acquitté, ce ne sera qu'en appel.

Alors, tandis que le Zubial parle, je vois nettement en lui l'homme héroïque qu'il a besoin d'être. Pour réparer? L'explication est un peu facile. Mais j'ai toujours eu le sentiment que le Zubial se concevait comme un héros des temps de paix. Sa façon d'aimer, de se risquer dans sa conduite, de militer pour une certaine façon d'être, empreinte de totale vérité, fut jour après jour motivée par le besoin de résister. À quoi? Aux conforts de la médiocrité, aux rêves mesurés, aux facilités des renoncements. Pourtant, il ne revendiquait rien; son drapeau était ses mœurs, son discours une pratique vertigineuse.

Je me revois un dimanche soir où nous rentrions d'un week-end en Normandie, sur l'autoroute, comme de braves Parisiens transhumant au milieu d'une marée de carrosseries. Frédéric dort, je somnole à l'arrière, quand tout à coup j'entends le Zubial qui dit à notre mère la confiance qu'il a en son regard sur la vie, plus que dans le sien. Puis, pour bien lui faire sentir à quel point il croit en elle, il ajoute:

— Je vais fermer les yeux et tu vas me dire quoi faire, comment conduire. Prête-moi tes yeux.

Nous sommes lancés à cent quarante kilomètres à l'heure. Sur le visage brusquement crispé de ma mère,

126

je lis que papa vient de faire ce qu'il a murmuré ; un coup d'œil dans le rétroviseur me le confirme. Le Zubial conduit à l'aveugle en attendant les indications de cette femme, la sienne, qu'il veut pour guide.

Naturellement, ma mère le supplie de revenir à la raison, d'ouvrir les yeux, lui rappelle que deux petits enfants roupillent à l'arrière. Rien n'y fait. Nécessité oblige, elle lui donne quelques indications. Le Zubial lui répète qu'il voudrait qu'elle ait confiance en elle pour eux deux. Des voitures klaxonnent. Il reste dans le noir. Ma mère n'ose pas hurler sa frayeur, de peur de nous réveiller et que la situation ne nous rende définitivement cinglés. Et moi je me dis que je suis l'enfant de ces gens-là... Ces minutes extrêmes vont compter lourdement dans mon destin, dans l'idée particulière que je me ferai de l'amour.

— Tant que tu auras peur, je continuerai, dit mon père, tant que nous ne ferons pas un... un seul corps.

Le concept peut paraître théorique, la situation, elle, ne l'était pas. Cela dura, tant que ma mère n'en passa pas par ses exigences. Pourquoi ne lui en voulut-elle pas par la suite ? Car le plus extraordinaire dans tout cela n'est pas que le Zubial se fût livré à cet exercice de voltige motorisée mais que ma mère ne l'eût pas quitté avec fracas dès notre arrivée à Paris. J'ai même le souvenir que sur le trottoir elle l'avait embrassé avec passion, à ma grande satisfaction.

Des années plus tard, un jour que nous nous promenions dans la campagne de Verdelot, je lui ai avoué que cette nuit-là je ne dormais pas ; et je lui ai posé la question qui me brûlait :

— Ce soir-là, pourquoi tu n'es pas partie?

Elle réfléchit un instant et, dans l'émotion qui lui torturait le visage, me répondit :

— Il était vivant, lui.

Puis elle ajouta :

— Il savait aimer, et être aimé.

Je devais avoir dix-sept ou dix-huit ans. Je me suis alors demandé avec panique si, moi aussi, je saurais un jour aimer et me laisser aimer par les femmes en faisant de mon amour une aventure totale, héroïque. Au fond, peut-être est-ce cela être Jardin?

J'ai treize ans. Pour la première fois je me découvre soumis à mes sens, joyeux d'être enchaîné à mon corps, asservi par une femme : je suis fou d'amour! Elle se prénomme Sacha, a dix-huit ans, des seins volumineux qui m'affolent et un accent slovène qui me tétanise. Son âge, avancé à mes yeux, la classe parmi les vraies femmes, celles qui se méritent, qui suscitent toutes les espérances. Je l'ai rencontrée sur un chantier où des jeunes du monde entier viennent donner un peu de leurs vacances pour effacer les humiliations que le château de Guise a essuyées au cours des avatars de l'Histoire.

C'est à peine si Sacha s'est aperçue que j'étais autre chose qu'un gamin susceptible de manier une truelle. Avec obstination, je m'avance, montre mes plumes de jeune coq un peu ridicule, l'étourdis de paroles, d'histoires abracadabrantes et m'impose. Sans qu'elle ait bien compris par quel coup d'éclat j'ai réussi à la séduire, je gagne ses menues faveurs. Il fait très beau. Mais il me faut plus que ses lèvres, plus que ces reptations malhabiles sur un corps habillé ; jamais je n'ai eu une telle fringale de peau, une telle fièvre de culbuter une fille.

L'endroit ne se prête pas aux étreintes. Le directeur acariâtre du chantier me piste pour que je n'escalade pas la croupe de Sacha tant que je suis sous sa responsabilité. Ce renard traque mes initiatives, déjoue mes ruses d'affamé, d'amoureux éperdu fasciné par son désir. Pourtant, tout ici me semble un lit propre à nous combler : un tas de feuilles sous un saule, au bord d'une rivière, des foins qui me narguent, ce sol sablonneux sur lequel je nous verrais si bien rouler. Il n'est pas d'arbre contre lequel je n'imagine pas de prendre Sacha avec feu, pour lui faire des enfants, la mettre à mon nom et l'aimer jusqu'à ce que, exténuée, elle en crève. C'est sûr, c'est certain, c'est évident, c'est elle, ça ne peut être qu'elle la femme qui marquera ma destinée. Je sais à peine qui elle est — nous conversons dans un patois improvisé que je crois être de l'anglais — mais peu importe ! Je l'aime ! Je l'adore comme un forcené, comme on n'aime qu'à treize ans, avec la foi des inconscients, la dernière des énergies, l'incandescence qui fait la beauté de cet âge et son aveuglement délicieux.

Une seule solution : sitôt libéré de la tutelle du directeur, je dois l'enlever. Pour l'entraîner où ? À Verdelot ! En été, la maison est vide ; cette vacuité me semble providentielle, le signe même que je ne dois pas hésiter.

Sans tarder, j'appelle ma mère pour savoir où se trouvent les clés de la maison. Il n'est pas même question de consulter Sacha ou d'interroger ma mère pour connaître son avis. Est-ce que l'on demande à ses parents l'autorisation d'aller faire l'amour? À treize ans, je me sens dans mon plein droit, talonné que je suis par ma crainte de piétiner encore dans l'enfance.

— Pourquoi veux-tu les clés? me demande ma chère maman au téléphone.

Et moi de lui répondre que j'entends faire une douzaine de petits à cette Sacha et de lui égrener les mérites imaginaires que je prête sans mesquinerie à ma bien-aimée. À l'autre bout du fil, je sens ma mère un peu déroutée. Elle bredouille quelques mots, me dit où sont les clés et raccroche.

J'apprendrai plus tard qu'elle fut malade de mon appel, glacée d'inquiétude à l'idée que son petit garçon se lance trop tôt dans une carrière d'amant; et puis mes désirs inopportuns de reproduction n'étaient pas propres à la rassurer. Mais elle n'avait pas bien vu comment canaliser ma véhémence. Pleine d'interrogations, elle avait ensuite convoqué ses amants et mon père en une assemblée plénière pour examiner ma requête, qui n'en était pas une. Mon sort avait été mis aux voix. Étrangement, la majorité fut morale; contre toute attente, le Zubial exigea que l'on m'interdît encore pour un temps l'accès à la peau des femmes. Je ne dus ce qui va suivre qu'à la confiance que ma mère avait en moi; c'est elle qui s'opposa aux peurs de ses hommes.

Huit jours plus tard, je débarquais à Verdelot, à la tête d'une petite troupe composée de Sacha, de trois de ses compagnons yougoslaves et de mon éternel correspondant anglais qui avait fini par s'accoutumer aux mœurs des Jardin. Passionné de croquet, John initia les Slovènes aux subtilités de ce jeu sur notre gazon briard, tandis que je passais mes journées à m'étonner du fonctionnement imprévisible de l'anatomie de Sacha.

Généreuse, elle s'offrait à mes appétits, se régalait de moi, rassurait mes peurs, déjouait mes attentes et surprenait mes sens. Elle ne m'apprit rien de particulier car nous n'étions pas à l'école, seulement en vacances dans un lit dont nous sortions à peine. De ces heures pleines de fraîcheur, je garde le souvenir d'une nudité exquise, d'une intimité joyeuse. Sacha faisait gaiement l'amour, les yeux grands ouverts, sans y mettre cette gravité qui donne parfois à ces instants une allure sacrificielle. Son enjouement n'était pas constant, sans quoi il eût été artificiel, mais il dominait son humeur, illuminait sa gourmandise. Camper sur le corps de cette tendre Slovène me donnait le sentiment de baguenauder dans un XVIIIe siècle français ·et enchanteur. Ces étreintes n'étaient pas l'occasion d'aviver nos malentendus ou d'en découdre avec des douleurs anciennes ; il n'était question que de bonheur.

Mais les accords les plus parfaits n'ont qu'un temps. Sacha dut rentrer sur les rives de l'Adriatique ; ses études reprenaient leur cours. La mort dans le cœur, je la raccompagnai au train de nuit pour la Yougoslavie, gare de Lyon, en compagnie de John. Sur le quai, je l'embrassai, avec l'horrible pressentiment que Tito lui-même empêcherait que nous puissions nous revoir. Quand la rame s'ébranla, une envie irraisonnée me rendit comme fou. Je sautai soudain dans le train, sans argent ni passeport, pour la suivre, et l'aimer sans mesure derrière le rideau de fer. Que se passa-t-il ensuite ? Je ne le compris qu'après.

Je reçus un coup violent dans la mâchoire et, sonné, fus précipité sur le quai. C'était John qui avait à son tour sauté sur le marchepied et m'avait collé un marron pour que je ne me débatte pas. Puis il m'avait jeté sur le sol parisien en sautant également, à l'instant où les portes se fermaient. En se relevant sur le quai, l'Anglais me toisa avec un mépris total, consterné que j'eusse pu perdre à ce point la tête pour une fille. En guise d'explication, il me lança alors avec condescendance :

— Ce que tu peux être français...

Et il s'éloigna en défroissant la veste de son collège. C'est ainsi que je crus perdre mon premier amour, en gare de Lyon.

J'ignorais encore ce qui allait suivre.

Piteusement, je regagnai notre appartement pour me faire soigner l'œil, passablement amoché par le gauche de John qui avait de la détente. Mon unique obsession était de téléphoner aux parents de Sacha pour leur expliquer au plus tôt que j'aimais leur fille et que j'avais des vues sur son avenir ; mais ma mère s'opposa à ce que je fisse exploser sa note téléphonique. Aussi traversai-je la rue pour aller donner mon coup de fil chez le Zubial.

Il me laissa seul dans sa chambre ; je composai fiévreusement le numéro de Sacha. À plusieurs reprises, je tombai sur une voix caverneuse qui formula quelques imprécations en serbo-croate puis me raccrocha au nez. Mon anglais approximatif ne m'était d'aucune utilité. Le rustre vociférait également dans une langue dalmate, ou un sabir gréco-quelque-chose. J'avais beau crier le nom de Sacha, il raccrochait chaque fois. À bout, je finis par renoncer à cette demande en mariage, sortis de la chambre et entrai dans le bureau du Zubial. Vêtu d'un peignoir, il se tenait devant moi, un cigare dans le bec et un stylo à la main. Mon désarroi se lisait sur sa physionomie bouleversée. Machinalement, il sortit un thermomètre de dessous son peignoir et le consulta en disant :

— Trente-sept neuf... presque trente-huit.

Mon désespoir lui donnait de la température. Alors, excédé de tristesse, je commençai à sangloter en confessant que j'aimais cette fille à en crever. À son tour, le Zubial se mit à pleurer et me serra tendrement dans ses bras. Longtemps nous restâmes ainsi, à mêler nos larmes de Jardin père et fils. Il découvrait soudain que mon malheur était celui d'un amoureux authentique, que son petit n'était plus tout à fait un enfant, qu'il souffrait des mêmes plaies que lui. À ses yeux, ce premier chagrin d'amour était mon acte de baptême. Chez nous, l'eau bénite est celle des larmes que nous causent les femmes.

Puis, quand nous eûmes pleuré tout notre saoul, il m'interrogea. À quelle heure était-elle partie ? Pour quelle destination ? Je marmonnai de vagues réponses. Il disparut un quart d'heure dans sa chambre, téléphona ; et quand il revint, ce fut pour me déclarer :

— Sandro, nous partons !

— Où ?

— Dans une heure nous décollons pour Venise. Une voiture nous attend, nous traversons la Dalmatie et à dix heures quarante-deux tu attends Sacha en gare de Ljubljana, sur le quai. Elle descend, te voit, fond en larmes, t'embrasse et là tu deviens inoubliable ! Dans cinq générations, les filles de sa famille se souviendront encore de toi !

C'était l'un des amis du Zubial, assistant de cinéma, rompu aux acrobaties qu'exigent les tournages, qui avait organisé cette course folle destinée à rattraper le train de Sacha.

À l'heure dite, nous décollâmes d'Orly. Je demandai à mon père ce qu'allait coûter notre périple. Il me répondit que cela n'avait pas d'importance, ou plutôt qu'il était important que j'apprenne à consacrer l'essentiel de mes revenus ou de ceux des autres pour conquérir les femmes que j'aimais ; le reste ne pouvait être qu'un mauvais placement, immoral de surcroît. Telles étaient les règles de gestion du Zubial, toujours à cheval sur certains principes.

À Venise, nous louâmes une Alfa-Roméo et toute la nuit le Zubial conduisit le long des côtes dalmates. Je me sentais le fils de James Bond, l'égal de Fantômas. Allongé à l'arrière, je m'efforçais de dormir pour faire bonne figure devant ma belle le lendemain matin. Mais je me souviens nettement de la nuque raide de mon père qui pétunait sans relâche et ne lâcha le volant que pour refaire le plein avec des jerricanes jaunes entreposés dans le coffre.

135

Le climat très cinématographique de ces scènes laissera sans doute au lecteur une sensation d'irréalité; mais c'était justement ce sentiment de fiction qui vous gagnait quand vous fréquentiez le Zubial. À un moment ou à un autre, vous finissiez par vous demander si ce qui vous arrivait était vrai. Cette fois-là, c'était pourtant bien moi qui voyageais à l'arrière de cette Alfa enfumée, laquelle fonçait sur les petites routes d'une hypothétique Slovénie dont je n'apercevais rien puisqu'il faisait nuit.

Nous arrivâmes à Ljubljana au lever du soleil, avec plusieurs heures d'avance. Cette ville proprette nous étonna, tant nous nous attendions à tomber dans un recoin usé de l'Europe communiste. Nous prîmes un petit déjeuner dans un hôtel charmant, une pension de famille où le Zubial me réserva une chambre, au cas où Sacha aurait faim de moi dès son arrivée.

À dix heures quarante-deux, j'étais sur le quai numéro un, dans la ligne de mire du Zubial. Assis sur un banc, vingt mètres derrière moi, il me scrutait et je sentais bien que c'était lui qu'il apercevait dans ma silhouette. C'était lui à mon âge qui allait embrasser cette jeune Slovène. Notre ressemblance était déjà frappante et je me souviens avoir adopté sa démarche, les mains dans les poches, pour lui faire plaisir, en faisant les cent pas. Le train avait du retard. Il y avait du monde sur le quai. L'air était tiède. Je me préparais à jouer l'une des plus jolies scènes de ma courte existence, une scène de mon anthologie personnelle que, des années plus tard, je pourrais me remémorer avec délectation.

Le train entra en gare. Le Zubial me fit un sourire et se dissimula derrière un journal, comme dans les films, pour qu'elle ne le reconnût pas. Lorsque les passagers commencèrent à descendre, je ne tenais plus en place. Dans ce rôle écrit par mon père, je me trouvais irrésistible. Sacha apparut bientôt en bout du quai. Sûr de mon effet, je patientais lorsque, soudain, je la vis courir sur le quai. M'avait-elle aperçu? Je m'apprêtais à être le plus heureux des hommes quand tout à coup je devins le plus affligé. Elle sauta dans les bras d'un jeune homme d'une vingtaine d'années, un grand steak qui me dépassait de deux têtes. Dans la foule, j'entrevis son sourire radieux tandis qu'elle l'étreignait, ce sourire qui disait qu'elle était à ce garçon et que je n'avais été qu'une folie parisienne, un divertissement quand moi je m'étais cru aimé.

Mon sang se figea, cessa d'irriguer mon organisme. Avec une raideur toute mécanique, je pivotai vers mon père. Nos regards consternés se croisèrent. Livide, il m'adressa un haussement d'épaules. Je n'eus pas le cœur de me laisser voir; je fis un pas en arrière et me dissimulai derrière un poteau lorsque Sacha passa au bras de son fiancé. Jamais elle ne sut que j'avais traversé l'Europe pour la précéder et l'étourdir de mon amour.

La bite sous le bras, comme dit Brel, je suis rentré à Paris avec le Zubial qui s'attacha à me consoler du mieux qu'il put. Mais, dans cet épisode cruel, j'avais acquis la certitude que les rôles de mon père ne me vaudraient jamais rien, que toujours je serais un peu ridicule dans ses costumes. On ne s'improvise pas

Pascal Jardin. On naît dramatiquement libre, étonnamment lui, mais on ne le devient pas. Je pouvais à la rigueur me glisser dans mon propre personnage, celui d'Alexandre, mais dans le sien jamais. Inaccessible !

Si un jour Sacha tombe sur ce petit livre, en français ou dans une autre langue, je voudrais qu'elle sache que, si le grand steak slovène ne l'avait pas attrapée sur le quai, je l'aurais ramenée en France. En ce temps-là, je ne mégotais pas avec mes désirs ; aujourd'hui non plus, d'ailleurs...

Une découverte m'accabla à la mort du Zubial : la petite quantité d'êtres qui, sur cette Terre, sont animés par d'immenses appétits, et le nombre encore plus réduit de femmes réellement désirées avec fureur. Toute mon enfance, à l'ombre de mon père, j'avais cru naturel que la vie fût gouvernée par des envies susceptibles de créer des cyclones ; et puis, soudain, je découvris la terrifiante inertie du monde.

Quand papa convoitait vraiment une dame ou un mirage séduisant, il demandait à l'univers de conspirer en sa faveur. Récemment, ma mère m'a laissé voir les lettres qu'il continua de lui écrire du fond de sa tombe suisse. Je n'en trahirai pas la teneur qui leur appartient ; mais je demeure absolument fasciné par les artifices qu'il imagina pour contourner l'inconvénient de sa propre mort, afin de continuer à séduire sa femme. Même sa disparition n'était pas pour lui un obstacle sans remède. L'assouvissement de ses rêves restait son programme, sa raison d'être alors qu'il n'était plus. Une fois morts, la plupart des gens se cal-

139

ment, lui pas. Le Zubial avait cet enthousiasme qui faisait courir les paralytiques et convertissait les réticences en besoin violent, les réserves en appétits, comme si ses fringales eussent été contagieuses.

Si je fus un enfant gâté, sans jamais l'être par un excès de cadeaux, je le dois à son extraordinaire respect pour les désirs d'autrui, pourvu qu'ils eussent un peu d'éclat et de fermeté. Jamais il ne se moqua de moi quand je manifestai un souhait incongru. J'avais le droit de parler de ma destinée comme de celle d'un futur chef d'État, de me désigner comme le successeur naturel de Jules César au trône de l'Europe, par exemple ; il n'esquissait pas même un sourire. Ses sarcasmes ne s'appliquaient qu'à ceux dont l'ironie trahissait le manque de courage, ou un déficit d'inconscience qui était à ses yeux la marque de l'impuissance véritable. Dans son esprit, les raisonnables occupaient le dernier échelon de l'humanité, formaient ce rebut qu'il ne cessait de stigmatiser.

J'ai le souvenir d'avoir dit un jour à l'un de mes professeurs d'histoire, au lycée, qu'il n'était pas digne de nous enseigner cette matière s'il pensait avec quelque sincérité que la France n'était qu'une puissance moyenne. Cette flèche était directement inspirée par le système de pensée du Zubial, complètement étranger aux cocoricos nationalistes mais toujours porté à récuser les arguments plaintifs qui n'appellent pas à l'extension du champ des possibles. Je crois tenir de lui le sentiment que mes volontés, même invalidées par les contingences, finiront toujours par dessiner les contours du réel. Fondamentalement pessimistes l'un et l'autre, nous restons convaincus que le bonheur est la seule issue, que le mal est un affreux malentendu et que les désirs irrépressibles peuvent tout dynamiter.

Un jour que j'étais chez lui, je le vis expliquer à un huissier du fisc qu'il était ruiné à perpétuité puisque ses retards d'impôts étaient mathématiquement irrattrapables et que, malgré cela, il se sentait riche, immensément, parce que ses envies à lui étaient plus fortes que le désir du Trésor de le plumer. Il était d'autant plus sûr de son fait qu'il savait qu'aucun de ses meubles ne serait saisi; depuis qu'il avait fait réduire la largeur du couloir de son entrée, plus un ne passait! L'huissier l'écoutait d'un air dubitatif en continuant son inventaire, le prenant sans doute pour un écrivain, et paraissant ne pas se rendre compte que cet illuminé en peignoir était porteur d'une grande vérité. Chaque jour, le Zubial vérifiait cet axiome selon lequel la vision qu'un homme a de lui-même finit par commander le réel. Quand il m'arrivait d'en douter, il me répétait toujours :

— Même l'appel du 18 juin a fini par être entendu. Alors...

La dernière fois que je l'entendis formuler cette phrase rituelle, son médecin venait de lui annoncer que son nouveau cancer pouvait interrompre sa course. Le Zubial en avait déjà terrassé quelques-uns et, pas un instant, nous ne songeâmes que celui-ci était de taille à briser son extraordinaire vitalité. De Gaulle avait résisté, protégé par l'idée qu'il se faisait de lui-même, et puis, un jour, sa silhouette avait fédéré les enthousiasmes français en remontant les Champs-Élysées ; donc papa continuerait à fréquenter le Fouquet's, à fabriquer les êtres qu'il aimait. L'affaire était entendue.

Et puis il mourut, pour de vrai. D'un coup, le magicien avait perdu ses pouvoirs ; la mort l'avait dépouillé de sa vitalité, lui, l'invincible culbuto qui toujours se relevait de ses fiascos. Être le Zubial ne suffisait plus. À quinze ans, je découvrais que le scandale du réel existait, que la vraie vie pouvait se montrer plus forte que les poètes, terriblement cruelle et risible de bêtise. Je perdais mon père et ma foi en la puissance illimitée des grandes visions. Le dernier acte, sanglant, me jetait à la figure une morale abjecte, intolérable. Finalement, de Gaulle pouvait perdre, et se recycler en speaker londonien appointé par la BBC, Christophe Colomb pouvait mourir étouffé par une arête de poisson avant d'inventer l'Amérique ; il était possible qu'Armstrong explosât dans sa fusée Apollo en partant pour la Lune.

Je me souviens très bien avoir opté, un mois après le décès de mon père, pour le refus total, radical, du scandale du réel. J'avais quinze ans, je me trouvais au-dessus de chiottes irlandaises, dans une banlieue de Dublin, en train de vomir de la bile. Dévastée par le chagrin, ma mère m'avait exilé loin de ses dérives. Je vomissais chaque jour ma rencontre brutale avec l'insoutenable réalité, ma rage d'être impuissant, cette colère qui ne m'a plus jamais quitté ; et puis, soudain, j'ai dit non, à la dictature de l'irrévocable, non à ce qui paraît inéluctable, non au déclin des passions, non aux frustrations que la vie nous inflige, non à la fuite de notre énergie, non à tous les panneaux de sens interdit, non à mes propres trouilles, non à une destinée trop réglée, non aux névroses des autres, non aux facilités du prêt-à-penser, non à l'enfermement dans un personnage unique et prévisible, non aux jeux des vanités de la reconnaissance sociale, non à l'empaillement prématuré, non à la mort, non ! Non et encore non ! Cet instinct de rébellion désespéré et joyeux m'est devenu une colonne vertébrale, pour ne pas m'effondrer.

Ce soir-là, je suis sorti pour me perdre dans la nuit. Je me trouvais au nord de Dublin, non loin du rivage. Il y avait là une baie profonde remplie des eaux froides et noires de la mer d'Irlande. Le vent soufflait, les vagues moutonnaient en attrapant quelques rayons de lune, mais je résolus d'atteindre la côte d'en face à la nage. Si je réussissais cette traversée de la baie alors que je n'étais pas bon nageur, j'étais certain de m'en tirer, de faire de moi un homme capable de soutenir de grands refus. En cas d'échec, ma noyade ratifierait ma nullité. Le raisonnement m'apparaît aujourd'hui enfantin, mais dans l'instant j'étais aussi sérieux qu'on peut l'être à quinze ans au lendemain de la mort de son papa.

J'ai encore le souvenir de la morsure du froid en entrant dans les eaux sombres, à laquelle se mêlait la jouissance d'en découdre avec mes peurs ; la mer m'a toujours inspiré une frayeur incontrôlée. C'était à la fois grisant et suffisamment paniquant pour m'exalter. Combien de temps la traversée dura-t-elle ? Je ne sais plus. Je sais seulement que j'en suis sorti vivant, désespérément vivant.

Mes vomissements cessèrent. Dans ces eaux irlandaises, je m'étais baptisé fils du Zubial.

À quinze ans, j'ai commencé à régler mon allure comme si je devais moi aussi mourir à l'âge de quarante-six ans. Lorsque mon premier roman parut, cela faisait déjà six années que j'étais furieux d'être jeune, engoncé dans un âge officiel qui ne correspondait pas à mon horloge intérieure. J'avais écrit une première pièce de théâtre à dix-huit ans qui avait plu à Jean Anouilh. Généreux, le dramaturge avait eu l'obligeance d'écrire à un grand comédien pour la lui recommander. Le célèbre et génial monsieur, doté d'une grosse tête, obèse d'intelligence, avait consenti à la jouer. Je jubilais. Enfin mon sort se transformait en un combat à balles réelles ! Mais, quand il me précisa qu'il ne monterait ma pièce que dans deux ans, au terme de ses obligations contractuelles en cours, je lui ai arraché mon manuscrit en lui demandant s'il voulait me tuer. Deux ans ! À dix-huit ans, les années comptent triple, les impatiences talonnent. Je suis sorti de sa loge à reculons, atterré, et n'y ai plus jamais remis les pieds.

Je vivais déjà dans l'essoufflement, avec l'urgence de ceux qui devinent qu'ils mourront tôt. Pour conjurer le sort, j'affirmais à qui voulait l'entendre que je vieillirais ; mais, au fond de moi, le tic-tac zubialesque qui régulait ma vie me rappelait sans cesse que le temps m'était compté. Mes copains nonchalaient dans des adolescences interminables, tombaient amoureux sans fracas, se défiaient du risque d'aimer trop ; j'avais de plus en plus de mal à comprendre leur torpeur qui, après tout, n'était que leur rythme. Pas un instant je ne me suis aperçu que c'était moi le fou, moi qui voulais faire tenir quatre-vingt-dix années en la moitié de temps.

Aujourd'hui je commence à peine à calmer mes fringales, à domestiquer mes appétits, mais mes quarante-six ans continuent de m'effrayer. Comment dépasser le Zubial ? Quand sonnera l'heure de cet âge qui fixa son éternelle jeunesse, j'aurai peur, comme à quinze ans. Peur d'hériter de son cancer, de vouloir ratifier ma filiation en me bricolant une maladie semblable à la sienne. Mon ambition n'est plus de vieillir, mais d'atteindre quarante-sept ans, puis de rajouter une année, et ainsi de suite jusqu'à ce que l'existence m'ait donné le temps d'être assez moi-même pour partir éreinté d'avoir vécu.

Le Zubial inventait chaque instant comme s'il devait être le dernier ; à présent qu'il est tombé du fil, j'ai de plus en plus envie de connaître certains de ses vertiges, d'emprunter ses chemins les plus abrupts, les faces nord de mes désirs. Mais comment être funambule sans jamais tomber ?

Ma plume file, rend au Zubial un peu de ses couleurs d'oiseau rare, et je m'aperçois que l'essentiel de son héritage fut l'idée de l'amour qu'il me refila à sa façon si singulière. Cet étrange professeur jouait toujours de ses inquiétudes. Plus il s'amusait, plus ce qu'il disait lui tenait à cœur.

J'ai le souvenir de l'avoir trouvé un jour très excité chez lui, piaffant devant un appareil d'espionnage industriel que lui avait procuré Soko. Cet homme au naturel unique était peut-être le meilleur ami du Nain Jaune. Wladimir Sokolowski, dit Soko par ses intimes, pratiquait un communisme à la carte; on le disait membre honoraire du KGB, qu'il regardait d'ailleurs comme un *club* très chic. Ouvertement prosoviétique, il collectionnait les icônes et vivait comme une sangsue sur l'État français. Ses photos de vacances prises sur les rives du Léman ou au bord de la mer Noire étaient toutes développées par le laboratoire de l'Élysée, quel que fût le régime ou le Président. Avec conviction, cet homme fascinant au physique d'insecte déclarait regretter que les bolcheviques n'eussent pas liquidé ses parents, Russes blancs, en 1917; il ne leur pardonnait pas cette négligence. Depuis que son précepteur Marcel Déat lui avait inculqué la passion du prolétariat, il lisait avec ferveur la *Pravda* tous les matins et rêvait d'envoyer le lectorat du *Figaro* dans des camps de rééducation par le travail manuel, au cœur de la Beauce ou en basse Bretagne. Malgré cela, ou peut-être à cause de cela, il prenait son petit déjeuner tous les matins avec le Nain Jaune à l'hôtel La Pérouse, dans une vaisselle de Saxe. L'un était de droite, l'autre d'une gauche virulente; les deux compères, habiles à distribuer l'argent noir des puissants de ce monde, régnaient sur les finances occultes de la vie politique.

Soko, donc, avait offert au Zubial un appareil qui permettait d'écouter à travers les murs au moyen de trois grosses ventouses que papa s'était empressé de fixer sur le liège qui capitonnait son bureau. Ainsi placés, ces amplificateurs nous restituaient assez nettement — malgré le liège — les conversations du couple de retraités dont le mariage perdurait sur le même palier que le Zubial. J'imagine que l'on trouverait à présent un matériel plus sophistiqué mais, à l'époque, ces trois ventouses reliées à un haut-parleur nous faisaient l'effet d'un matériel digne de jouer dans un film de James Bond.

Papa convoitait avec fébrilité cette machine est-allemande depuis que Soko lui en avait parlé. Son but n'était pas d'espionner quelque puissance belliqueuse mais de connaître, enfin, la vérité des couples.

Pénétrer dans l'intimité d'un amour, se glisser dans la trame de ses secrets, découvrir ses envolées, entendre les non-dits bouleversants, sonder les chagrins et les rancœurs, toutes ces perspectives exerçaient une fascination extrême sur son esprit de romancier.

Le soir, après l'école, je passais chez lui et nous écoutâmes ainsi pendant plusieurs jours le quotidien usé, voire ratatiné, de ces gens qui, jadis, avaient dû s'adorer. Notre consternation allait grandissant. Ces séances viraient à l'autopsie d'une passion. Il n'était question que d'insignifiantes préoccupations ménagères, de glouglous consécutifs à des prises de médicaments, de chasses d'eau tirées, de babils interminables sur le prix des légumes verts, de plaintes récurrentes concernant la concierge, de spéculations misérables sur l'espérance de vie de leur vieille tante, de considérations inquiètes à propos des digestions difficiles de leur vieux chat. Pas une fois nous ne réussîmes à surprendre un souffle d'émotion, le moindre indice de la survie d'un sentiment ancien. Il n'y avait même pas trace de fiel dans leurs jacasseries, rien que les eaux stagnantes de leur indifférence. Pas un mot ne laissait imaginer que ces gens-là s'étaient embrassés un jour, qu'ils s'étaient donné rendez-vous, qu'ils avaient rêvé ensemble.

Plus nous écoutions, plus je voyais le Zubial tirer sur ses cigares avec dégoût en arpentant son bureau, les mains dans le dos. Sa physionomie me disait que ce que nous constations était LA véritable honte : un amour qui ne se souvient même plus de ce qu'il a été. Le Zubial ponctuait son écœurement par des *apouh!*

apouh ! qui m'indiquaient clairement que l'indifférence était le plus impardonnable des péchés. À ses yeux, la négligence amoureuse était une marque de bassesse d'âme qu'il condamnait sans appel.

Blessé dans ses espérances, le Zubial eut alors une idée, inspirée par l'esprit de révolte qui l'animait. Il décrocha un soir son téléphone et fit livrer séance tenante des fleurs, beaucoup de fleurs, à cette voisine indigne qui avait oublié sa fonction naturelle d'amante. L'envoi était accompagné d'un petit mot sibyllin qu'il dicta au fleuriste : *De la part d'un homme qui vous aime en secret depuis trente ans.*

Une heure plus tard, nous entendîmes le couple caqueter devant les roses livrées puis s'interroger sur l'identité de l'admirateur anonyme. Elle, la vieille, paraissait en joie d'inspirer encore un peu de fièvre à un homme tandis que lui, plus venimeux, commença un interrogatoire en règle, auquel la rombière refusa de se soumettre, en arguant de sa vertu très chrétienne. Nous ne voyions pas très bien ce que le Christ venait faire là-dedans, mais papa et moi étions ravis. Enfin ces dinosaures remettaient un peu de vivacité dans leurs échanges ! Bientôt les invectives succédèrent aux sous-entendus. Le voisin était certain de tenir le coupable en la personne de son frère, un dénommé Célestin à qui il prêta toute la fourberie qu'il était à même de lui supposer. La vieille semblait en effet avoir eu des complaisances pour le cadet, avant la guerre, du temps où elle était un peu garce, au dire de l'époux.

Je ne sais trop ce qui enchantait le Zubial dans cette altercation qui remuait des sentiments évanouis : sa joie que ce couple de détériorés eût repris le chemin de la jalousie, ce qui était déjà un progrès, ou la jouissance d'auteur qu'il éprouvait toujours à susciter des scènes de son cru ; car, par la magie d'un bouquet de fleurs et d'une simple carte, ses voisins étaient devenus ses personnages, l'espace d'une soirée.

Moi, je jubilais que mon papa fût intervenu pour tenter de ranimer un amour déconfit, qu'il ne se fût pas résigné au scandale de l'indifférence. Cette énergie-là qu'il avait de ne jamais tolérer l'inéluctable me touchait au plus haut degré. À ses côtés, je sentais que vivre n'était pas synonyme de subir, que même l'usure du temps pouvait être combattue ; la vaincre, c'était autre chose, mais se battre me semblait déjà si beau.

Des années après la mort du Zubial, j'ai retrouvé l'appareil est-allemand dans le grenier de Verdelot, au fond d'un carton qui contenait également de faux papiers officiels sur lesquels figurait la photo de mon père. Sur ces clichés, il devait avoir trente-cinq ans. Une vieille carte d'identité certifiait qu'il s'appelait bien Julien Dandieu, l'un des noms qu'il refila souvent aux protagonistes de ses scénarios de films. Un passeport belge le déclarait professeur d'histoire. Pour quelles autres vies se les était-il fait confectionner ? Jamais je ne connaîtrai les doubles fonds de son existence multiple. Mais toujours est-il que la machine à écouter les voisins ne fonctionnait plus. Les trois grosses ventouses étaient devenues muettes. Je les ai pourtant gardées. Les ferai-je un jour réparer ? Mais pour espionner qui ? Et avec qui ?

Je ne sais quand me quittera le chagrin de son

départ, ce sentiment de solitude complète qui prit possession de moi un 30 juillet 1980. Depuis, il me semble que je lutte désespérément pour reconstituer le monde tel qu'il était quand il existait encore, par mes livres ou par l'image de mes films, en prêtant à mes héros un peu de la fantaisie du Zubial, en réinventant le réel comme il le faisait jadis, avec sa rage. Je le confesse : écrire des scènes de fiction ne me procure une jouissance totale que si je bouscule les peurs de mes personnages.

Plutôt que de m'émouvoir de notre condition, j'ai fait mienne la révolte du Zubial, sa fureur de n'être que lui-même qui marqua si vivement les années où je marchais à ses côtés. Retrouver sa folle énergie, son esprit de rébellion, sur le papier ou sur de la pellicule, me soulage et me rend à cette époque fabuleuse où je n'avais pas encore souffert de son absence.

Mais je sens aujourd'hui que ce combat d'auteur m'épuise vainement en me détournant de ma nature véritable qui toujours m'a semblé insuffisante pour rivaliser avec lui. Il faudra bien pourtant que j'apprenne un jour à ne pas me détester, que je renonce aux séductions de mon imaginaire qui ne cesse de m'exiler loin de ma vérité, de mes émotions les plus ordinaires qui sont peut-être les plus magiques.

Au fond, le Zubial avait tort : il ne faut pas inventer les êtres que l'on aime, même si cela les enchante. Il ne faut pas se fâcher avec le réel ; de ce conflit, on ressort fâché avec soi-même. Mais il m'a tant fait rêver...

Souvent, je me suis demandé ce que seraient devenus nos rapports si mon père avait vaincu son dernier cancer. La magie se serait-elle perpétuée ? Nous serions-nous heurtés ? Les relations minées que le Zubial avait entretenues avec le Nain Jaune me laissent imaginer que notre cohabitation dans Paris eût été délicate. Aurais-je même osé écrire s'il ne m'avait pas laissé la place ? Il m'arrive parfois de penser qu'il s'en est allé pour que je vive à ma mesure, après avoir juste pris le temps de me verser dans l'esprit assez de rêves pour que je lui ressemble.

Ma géographie parisienne est un peu la sienne. Ses restaurants ne sont pas ceux que je fréquente, mais ce qu'il me raconta des rues et de certains monuments de Paris a fini par prendre une étrange réalité dans mon esprit. Je me suis surpris récemment à expliquer à Hugo, mon fils aîné, que le palais Galliera, avenue du Président-Wilson, était entièrement creux :

— Oui, oui, mon chéri, c'est une chambre

immense construite par un type très riche du siècle dernier qui voulait y aimer une femme sublime.

— Et elle l'aimait la dame?

— Bien sûr, bien sûr...

Ma voix était celle du Zubial et mon fils avait mes yeux étonnés, tandis que je lui transmettais cette fable que je tenais de son grand-père. Je lui appris également que la coupole de l'opéra Garnier était remplie d'eau, pour lutter contre les incendies, et que dans cet aquarium géant vivaient des phoques innombrables.

Papa m'avait aussi dit un jour que le sommet de la tour Eiffel renfermait un bureau digne du *Nautilus*, dans lequel Gustave Eiffel avait fait installer de puissants télescopes destinés à surprendre les activités réelles des Parisiens. À l'entendre, de cet observatoire presque aérien on pouvait tout voir, connaître les vérités qui se tramment derrière l'hypocrisie qu'exige la vie en société. Aujourd'hui encore, quand je passe près du Champ-de-Mars, il m'arrive de penser qu'un individu est posté en altitude, dans ce *Nautilus* immobile, occupé me guetter; et je retire mon doigt de mon nez, en songeant à mon drôle de père.

Le Zubial évoluait dans un monde imaginaire auquel il avait fini par croire, à force de persuader les autres de la véracité de ses fables. C'est par lui, en naviguant dans la capitale, que j'ai découvert une partie de son histoire de France.

Pendant longtemps, j'ai cru que la place de l'Étoile avait cette forme parce que le baron Haussmann avait eu autant de maîtresses qu'il y avait d'avenues. Le Zubial m'avait affirmé que, pour ne pas faire de

154

jalouses, le brave homme avait résolu de les loger à équidistance de son bureau qui se trouvait en haut de l'Arc de triomphe ; chaque avenue en accueillait une. Je pensais vraiment que le Louvre était un ancien bordel fort luxueux où les rois dévoyés avaient leurs habitudes, que le zoo de Vincennes était une prison pour femmes désaffectée où Louis XIV exilait les favorites dont il se lassait, dans des cages de plein air. J'étais également convaincu que Maximilien de Robespierre, l'un des plus grands cocus de l'histoire, avait déclenché la Terreur pour raccourcir la foule des amants de sa femme, et que, depuis le Second Empire, la fourrière ramassait les chiens errants dont on tannait les peaux pour faire les bottes des gardes républicains.

Dans mon esprit d'enfant, il était clair que Giscard ferait un jour remplacer la statue de Jeanne d'Arc, près des Tuileries, par une statue équestre de lui, nu sur un percheron de bronze, brandissant un grand sabre. Sur ce dernier point, le Zubial était formel ; il tenait l'information de source si sûre, disait-il, que je m'étonne parfois de voir encore en place la statue dorée de la Pucelle. Une autre fois, il me montra l'hôtel borgne où Zola avait très certainement écrit son *J'accuse*, sur les omoplates d'une prostituée dreyfusarde qui ignorait ce que son client griffonnait dans son dos.

Fabuler l'apaisait, contentait son besoin de rectifier le réel ; mais le paradoxe du Zubial tient à ce que ce grand menteur était étonnamment vrai. Toujours il s'efforçait de montrer ses émotions, de violenter sa pudeur extrême pour offrir sa sincérité toute nue à

155

ceux qui l'aimaient. Au fond, seule la vérité du cœur l'intéressait ; l'exactitude lui semblait une vertu de chef de gare.

Je me souviens encore de sa physionomie défaite lorsqu'il déclara à une tablée verdelotienne qu'il avait honte de la façon dont il n'avait pas bien su regarder ma demi-sœur Nathalie. Il se sentait sans talent de père en face d'elle et ne voyait pas comment soigner leur difficulté de s'aimer. Ce qu'il avouait était terrible, mais il ne dissimulait pas sa médiocrité, sans pour autant tirer gloire de sa sincérité soudaine, ce qui eût été pervers. Non, il disait son désarroi, avec des mots simples, sans rien esquiver. Je crois que c'était cela qui me marqua si vivement ce jour-là, sa manière de se couler dans son émotion, dans le dégoût qu'il avait de lui-même, de ses pauvres limites. Toujours prompt à rire de tout, à enrober le quotidien de poésie burlesque, le Zubial n'était pas homme à fuir les instants où les rideaux tombent, bien au contraire.

Un jour que nous nous trouvions à Verdelot, il avait décidé de faire des moulages en plomb de nos deux mains droites. Je devais avoir douze ans. Nous étions bloqués dans son atelier, face à face, amarrés à nos mains que nous avions appliquées dans du plâtre frais. Ensemble, nous attendions que les moules prennent, avant de les remplir de plomb liquide. Je le tenais enfin ; le remuant Zubial ne pouvait plus m'échapper. Alors je lui ai posé LA question de mon enfance :

— Toi et maman, ça se passe comment ?

— Mal, répondit-il spontanément.

Puis il précisa :

— Ce qui ne veut pas dire que ce soit un mal. Je l'aime et elle ne peut pas faire autrement que de m'aimer...

Les paroles qui suivirent étaient si impudiques que je me suis mis à pleurer, sans trop comprendre quel bouleversement s'opérait en moi. Mes larmes ne paraissaient pas le gêner. Devant le Zubial, je n'éprouvais pas le besoin de me défendre de mes émotions ; il ne craignait pas de fréquenter les siennes. Longtemps, il me parla de ma mère comme d'une femme, comme du seul ange sauvage qui lui donnât une idée du ciel, sa sœur en tout.

Il me raconta ce jour-là l'accident de la route effroyable qui avait failli la tuer lorsqu'elle avait vingt-quatre ans. À l'époque, ils étaient déjà amants, pour ne jamais cesser de l'être. Elle était alors mariée à un homme impraticable, quasi génial et hélas terriblement attachant. Dans un couloir de l'hôpital où se jouait le sort de ma mère, lui et le Zubial avaient fait un pacte : si elle sortait du coma, le premier nom qu'elle prononcerait dans son demi-sommeil serait celui de l'homme qui la garderait. Le mari et l'amant se relayèrent pendant des jours et des nuits à son chevet. Ma mère se réveilla enfin et murmura un mot, un seul :

— Pascal...

Son époux tint parole. Il interrompit aussitôt la déconfiture de leur mariage et s'effaça. Par la suite, mon père la mit à son nom, en sachant fort bien qu'il s'attachait à un mammifère indomptable ; Sauvage était d'ailleurs le patronyme de jeune fille de ma mère.

La main dans le plâtre frais, le Zubial peignait son amour excessif avec tant d'émerveillement que je demeurai effaré d'être le fruit d'une aventure aussi romanesque. Mon père était en cet instant comme un enfant, animé par une vraie pureté, par cette candeur déconcertante derrière laquelle je cours encore. Devant moi, il se permit toutes les naïvetés. Peut-être voulait-il me montrer que c'était ainsi qu'il fallait aimer : sans défense, dans la vulnérabilité la plus absolue.

Lorsque les moules furent secs, nous les remplîmes de plomb fondu et nos mains se figèrent pour l'éternité. Elles se trouvent encore à Verdelot, posées sur un meuble laqué rouge de sa fabrication. Quand je les vois, je me souviens chaque fois de ces heures où il m'avait déclaré, à propos de ma mère, qu'il lui reparlerait toujours d'amour.

Le temps a passé, sa femme est devenue une autre femme, en même temps que celle d'un autre, mais il me semble que lorsqu'elle me regarde, elle aperçoit encore le Zubial au fond de mes yeux. Dans ces instants, je vois bien au tressaillement de son visage que cet époux infernal au destin bref l'a marquée à jamais.

Un jour, ils se retrouveront dans un au-delà où il lui aura préparé un lit de fleurs ; et ils se remarieront, ils uniront à nouveau leur liberté. Je le sais.

— Vous comprenez, Monsieur Jardin, votre fiston c'est un coquin. Il faudra lui serrer la vis ! Une bonne paire de claques, ça n'a jamais fait de mal à personne !

L'homme qui s'exprime ainsi est un curé de cent vingt kilos doté d'un cerveau inversement proportionnel à son poids ; c'est ce dinosaure qui est en charge du catéchisme dans l'établissement religieux que nous fréquentons à regret, mon frère et moi. Ce jour-là, nous accompagnons Frédéric au départ de sa classe de neige ; il doit avoir huit ans. Le fiston rebelle qui s'apprête à monter dans l'autocar, c'est lui. Moi, j'écoute sur le trottoir les vociférations de l'ecclésiastique en robe noire qui, apparemment, contrarie fort le Zubial ; quand soudain, je vois ce dernier sortir de sa réserve :

— Cher monsieur, lui réplique-t-il, je ne vous connais pas, c'est la première fois que je vous vois et vous venez me dire du mal de mon fils. Je vous hais !

L'homme d'Église reste un instant interloqué,

ébranlé par l'estocade. Profitant de l'affaiblissement momentané de l'adversaire, le Zubial poursuit :

— Sachez que je dispose à la maison d'une énorme paire de pinces, oui, parfaitement, et que je reviendrai avec cet outil tranchant pour vous couper les couilles si vous touchez à un cheveu de mon petit ! Clac ! Clac !

Et le Zubial de joindre le geste à la parole, avec exaltation. Frédéric est consterné ; il va devoir cohabiter avec le prêtre humilié pendant trois semaines. Ma mère tente de s'interposer, donne du *Monsieur l'abbé* pour raccommoder ce qui peut l'être encore, le clergé local s'indigne, ce fut une affaire.

Chaque fois que le Zubial s'efforçait de se conduire en père classique, en nous accompagnant à l'école ou en rendant visite à nos professeurs, un désastre nous guettait.

Dans notre collège, l'habitude était de rencontrer le professeur principal, chargé de l'enseignement du français, en début d'année. Lors de mon entrée en sixième, ma mère avait insisté pour que mon père nous accompagnât, à titre exceptionnel. L'entrevue se passa sans encombre jusqu'au moment où le grammairien lui demanda :

— Alexandre est-il bon en mathématiques ?

Peu au courant de la question, le Zubial se pencha vers moi en affectant un air interrogatif. Je répondis alors que j'étais *moyen*, terme vague qui me permit de qualifier mon niveau scolaire pendant l'essentiel de mes années de lycée.

— C'est fâcheux, reprit le prof en soutane, parce que sans les maths, aujourd'hui, on ne devient pas

160

grand-chose... Le français, ça ne nourrit pas son homme !

Stupéfait, le Zubial me regarda en souriant. Notre interlocuteur ignorait que mon père vivait de ses idées depuis toujours et que, neuf ans plus tard, mes rêves me nourriraient à mon tour. Aussitôt papa prit la mouche, soutint qu'une destinée de comptable ne m'attendait pas, affirma que le monde souffrait d'une pénurie de poètes et clama sa haine de l'exactitude. Le professeur myope crut de son devoir de le ramener à la raison ; je sentais le drame approcher.

— Monsieur, dit alors le Zubial, je possède à la maison un cornichon géant, stocké dans un bocal rempli de vinaigre. Je souhaitais l'offrir à Lino Ventura, l'acteur, vous connaissez ?

— Non, fit le bonhomme plus porté sur les missels que sur le cinématographe.

— Eh bien, ce cornichon, je vais vous l'offrir afin que vous puissiez vous le carrer dans l'oignon...

— L'oignon ?

— Le derrière, oui, et pour vous soulager, en cas de douleur excessive lors de l'intromission, je vous conseille la cocaïne bleue, la meilleure !

Inutile de dire que mes débuts en classe de sixième n'en furent pas simplifiés. Être le fils de Pascal Jardin n'était pas toujours une position des plus confortables, à un âge où l'on n'aspire qu'à se fondre dans le moelleux des conformismes. Mais j'apprenais par ses foucades à ne jamais fléchir devant les puissances de ce monde. Il m'inculquait l'irrespect que l'on doit aux

161

étroits, aux manipulateurs d'idées reçues, et à tous les empêcheurs de rêver.

Sans cesse le Zubial me poussait à m'interroger sur mes propres comportements, au regard des siens. J'étais encore un enfant mais déjà je sentais que lui avait choisi d'escalader les faces glissantes du réel, parce qu'elles étaient les plus passionnantes, parce que les voies les plus abruptes sont aussi celles qui nous permettent d'affronter nos peurs, lesquelles nous diminuent et font de nous des moineaux quand nous étions nés pour être un peu plus.

Depuis qu'il s'en est allé, j'ai rencontré bien des gens. Peu m'ont autant provoqué, aucun ne m'a rejeté aussi violemment dans les cordes du ring pour que je rebondisse. Une journée avec le Zubial me faisait toujours quitter davantage mes lâchetés. À ses côtés, il fallait être un héros du quotidien, sans cesse batailler contre sa propre petitesse, refuser la tentation d'être moins que soi.

Souvent quand nous roulions et que surgissait un panneau *Autres directions*, il le suivait, pour voir ce qu'il y avait derrière ces mots énigmatiques qui le laissaient rêveur. Cela peut paraître bizarre, mais il le faisait réellement, afin de provoquer une fois encore le destin; et presque toujours, en ouvrant ainsi la porte au hasard, il lui arriva quelque chose de saisissant.

Vivre sur la crête était son obsession, sa manière à lui de conjurer la mort. Je ne le vis jamais au calme plus de quatre ou cinq heures d'affilée.

La dernière fois que j'ai suivi un panneau *Autres directions* en compagnie du Zubial, je devais avoir quatorze ans. Nous revenions d'un séjour en Suisse où il avait été offrir à sa vieille mère son quota de frissons en lui racontant ses frasques. Alors que nous traversions Besançon déjà ensommeillée, papa repéra ce panneau qui invitait à l'aventure : *Autres directions*...

Il devait être un peu moins de minuit. La route imprévue nous entraîna dans des bois sombres. Je ne voyais pas bien ce qui pouvait nous arriver à une heure pareille, dans le Jura, et le priai de faire demi-tour ; tout à coup il aperçut quelque chose, stoppa net son automobile, recula et s'arrêta. Les phares de sa voiture éclairèrent une pancarte qui indiquait un château dont je préfère taire le nom. Remué par une émotion que je ne m'expliquais pas, il me dit alors :

— C'est là que j'ai fêté mes dix-neuf ans, en 1953. Au bout de cette allée, j'ai presque vingt ans !

Sans hésiter, le Zubial s'engagea dans la grande

allée qui menait à un manoir, tandis que je m'inquiétais de l'issue de cette soirée.

— Tu as vu l'heure qu'il est? Papa, il est tard...

— Mon chéri, il n'est jamais trop tard pour avoir vingt ans...

Déranger les gens est une chose qui me crucifie. Je suis de ceux qui, dans Paris, préfèrent faire trois fois le tour d'un pâté de maisons plutôt que de demander leur route; une étrange réserve m'a toujours ligoté. J'insistais pour qu'il rebrousse chemin mais l'animal ne m'écoutait pas. Je sentais le Zubial envoûté par ces retrouvailles inattendues avec un passé dont j'ignorais tout.

— Elle s'appelait Sylvia... ses parents possédaient l'usine de papier où je travaillais, dans le Massif central. Ils avaient aussi des intérêts dans le textile, ici, à Besançon. Employé par le père, c'est toujours un peu délicat d'aimer la fille...

— Qu'est-ce que tu veux faire? Si ça se trouve, ils ont vendu le château. Ou il n'y a personne. On va se faire tirer dessus par les gardiens.

— Aie confiance.

Les deux noms que nous lûmes sur la boîte aux lettres nous confirmèrent que les lieux n'avaient pas changé de propriétaire; mais qu'il y eût un deuxième patronyme me paniqua. Cela signifiait clairement qu'un mari se trouvait dans la place. Le Zubial, lui, n'y voyait aucun inconvénient, voire un piment supplémentaire. Moi, j'étais vraiment inquiet de surgir à l'improviste dans ses souvenirs. Je flairais les complications; la fatigue m'engourdissait déjà et je devais

164

reprendre mes cours à Paris, le lendemain matin, à huit heures.

Il arrêta sa voiture non loin du perron majestueux qu'éclairait à peine une lune pâlotte. Tout le monde semblait dormir, ou alors la bâtisse était inhabitée.

— Papa, tu ne veux pas qu'on parte?

Pour toute réponse, il m'indiqua la chambre de Sylvia, au premier étage; puis, avec nostalgie, il m'expliqua qu'il avait escaladé jadis, à plusieurs reprises, la vigne vierge de la façade pour la rejoindre en passant par sa fenêtre, à l'insu de son père. Je convins du romanesque de l'entreprise et m'apprêtais à le supplier de déguerpir lorsqu'il m'annonça son intention de rééditer cette ascension! Je crus d'abord qu'il plaisantait, mais non, le Zubial ôta sa veste et commença à grimper dans la vigne vierge, avec une maladresse qui lui donnait un air de Buster Keaton.

— Papa, murmurai-je, elle n'a plus vingt ans, ce n'est plus sa chambre. Tu vas où?

— Retrouver un souvenir.

— C'est ridicule.

— Non, ce qui est ridicule c'est d'accepter que le temps passe! Viens m'aider.

— Et si on se fait prendre?

— Sandro, CESSE D'AVOIR PEUR. Une fois pour toutes.

Le ton sur lequel il articula cette phrase eut alors un effet prodigieux sur moi; l'émotion de sa voix, si pleine de persuasion et d'amour, me fit soudain sentir l'importance de ce qu'il me demandait : *cesse d'avoir peur, du noir, de l'inconnu, de la police, des femmes, de l'amour, du lendemain, de toi. Cesse d'être un esclave !* D'un coup, mes craintes s'estompèrent et je connus pour la première fois le plaisir vertigineux de faire taire ma frayeur, cette exaltation qui va avec le sentiment de remporter une victoire décisive, de conquérir une liberté nouvelle.

Je m'avançai et lui fis la courte échelle. Affranchi de ma trouille, j'étais tout à coup bouleversé de voir cet homme de quarante-cinq ans exonéré de toute retenue, rejouant pour lui seul — et peut-être aussi à mon intention — cette scène de ses dix-neuf ans ; car il était bien évident que sa Sylvia n'était plus derrière cette fenêtre, en tout cas plus celle qui survivait dans son cœur. C'était un spectacle extraordinaire que de le voir accomplir cette répétition de sa jeunesse, avec des gestes patauds et un corps moins souple.

Arrivé au premier étage, le Zubial se colla contre la vitre, jeta un œil dans la chambre et me chuchota avec déception qu'il n'y avait personne, ce dont je me doutais ; mais, au lieu de faire demi-tour, il résolut d'aller chercher Sylvia et d'effacer les années qui les séparaient ! Mes appels au plus élémentaire bon sens comptèrent pour rien. Porté par son rêve, il brisa un carreau et disparut dans la maison.

L'angoisse reprit alors possession de moi. Seul, je ne subissais plus son charme hypnotique. Qu'allait-il se passer ? Je le voyais déjà au poste de police, ou abattu à coups de fusil par un mari affolé. À l'étage, une lumière s'alluma. J'entendis une voix, un cri. Sans réfléchir, je me suis carapaté, autant pour échapper à un éventuel poursuivant que pour évacuer cette situation qui, brusquement, me glaçait. À toutes jambes, j'ai regagné notre voiture, cachée par un bosquet, et m'y suis enfermé. Mon cœur battait la chamade.

Alors commencèrent trente minutes d'attente, de questionnements inconfortables. Le Zubial ne rappliquait pas et je ne parvenais pas à saisir pourquoi lui réussissait à dompter sa peur alors que la mienne, en ces instants, me gouvernait. Mes mains étaient froides. Je tremblais de honte de n'être que moi-même, en m'efforçant de contrôler ces secousses que j'entendais lui cacher. Mais il tardait à surgir. J'écoutais la nuit, dans la terreur d'entendre une détonation ou l'arrivée d'une voiture de la gendarmerie. Qu'aurais-je pu expliquer aux forces de l'ordre ? Il est des comportements qui défient le sens commun. Les minutes lambinaient, tardaient à s'écouler. Le Zubial était-il mort, ou étendu dans les draps de la dame ? Cette hypothèse charmante me semblait la moins probable. Une femme s'offre-t-elle à son cambrioleur sous prétexte de l'avoir connu jadis ? Mes raisonnements tournaient à vide car les circonstances échappaient à ce qui se conçoit ordinairement. Le Zubial avait, une fois de plus, mis en scène une de ces tranches de vie où plus personne ne savait régler sa conduite. Sylvia pouvait aussi bien s'être donnée, l'avoir éconduit ou lui avoir offert une bière en lui racontant sa ménopause. La réalité se montra plus déconcertante encore.

Une demi-heure plus tard, le Zubial réapparut enfin. Sa physionomie était joyeuse ; un air victorieux illuminait ses traits.

— Viens Sandro, nous dormons ici cette nuit.

— Sylvia, elle est là ?

— Non, sa fille est là, avec des amis. Mais ses copains dorment. C'est tout Sylvia. Elle s'appelle Judith.

— Qu'est-ce que tu lui as dit ?

— La vérité.

— Ça lui a plu ?

— Beaucoup.

Dans le hall, j'ai le souvenir d'avoir croisé une jeune femme irrésistible qui me donna aussitôt une chambre, dans l'une des tours du château. Elle était vêtue d'un tee-shirt qui lui faisait une chemise de nuit et de chaussettes montantes qui laissaient voir le haut de ses cuisses bronzées. Son nez était une perfection. Le lendemain matin, nous sommes partis à l'aube sans la recroiser. Ce lundi-là, je suis arrivé en retard à l'école.

Je n'ai revu Judith que le 30 juillet 1996, lorsque je surpris les maîtresses du Zubial en l'église Sainte-Clotilde. Elle était de celles qui pleuraient. Ses sanglots ravageaient sa poitrine, l'asphyxiaient presque. Tout était dit.

Depuis, je reste nostalgique des chemins indiqués par les panneaux qui signalent d'*Autres directions*. Un jour prochain, je quitterai moi aussi les autoroutes de mon quotidien pour en suivre un. Où m'emmènera-t-il ? Ou plutôt, où me laisserai-je conduire ? Le Zubial m'enseigna qu'il n'est pas de destin fécond qui ne s'écarte des voies trop balisées et que l'on ne trouve son propre chemin qu'en cessant d'y résister.

Printemps 1977. Jeanine, notre femme de ménage, ouvre la porte du salon de Verdelot et pousse un cri. Alertés par l'inquiétant glapissement, les enfants interrompent leur petit déjeuner et rappliquent en meute. Nous découvrons avec elle un squelette humain, suspendu à une poutre, près de la cheminée.

Dix minutes plus tard, le Zubial débarque à son tour et nous explique qu'il s'agit du squelette de Talleyrand. Je n'en crois pas mes yeux ! Ma bouche s'assèche. J'ai devant moi les ossements de Charles Maurice de Talleyrand-Périgord, ministre des Relations extérieures de Napoléon. Papa est formel, c'est bien lui ; il en veut pour preuve la denture un peu ébréchée sur laquelle on devine un perpétuel ricanement.

C'est un antiquaire de ses amis qui a réussi à lui dégoter cette pièce unique, on devine pourquoi, pour une somme mirobolante. Nous ne sommes pas les seuls à être friands de tout ce qui touche au grand homme ; en l'espèce, nous ne pouvions pas être plus proches de lui. Ce puzzle de calcium en mauvais état vient d'être restauré à grands frais à Londres. Il nous arrive requinqué, bichonné, nettoyé comme jamais il ne le fut. Talleyrand est à neuf.

Jamais peut-être je n'eus le sentiment de posséder quelque chose d'aussi précieux ; c'était un peu comme si nous avions reçu le squelette de Mickey ou de Tintin. Pendant des années, le Zubial et moi avions joué à Talleyrand, à imiter sa claudication, à nous vêtir selon ses préceptes, en accumulant les couches de laines variées, à singer ses mœurs intimes. Nous connaissions ses répliques les plus célèbres et, quand il nous en manquait, nous en inventions de jolies qui, dans sa bouche, eussent sonné juste.

Tremblant, je me suis avancé et ai touché la main qui signa tant de traités pour réorganiser l'Europe, qui distribua et reçut tant d'argent, la main qui parcourut le corps d'une telle quantité de femmes, cette main qui avait serré celles de Danton, de Mirabeau, de Bonaparte, de Robespierre, de tous les conventionnels, de cette fripouille de Barras, de Napoléon, de l'implacable Fouché, de Louis XVIII, de Charles X, du prince de Metternich lui-même, du tsar Alexandre et, enfin, la mienne ! En tant que futur souverain de l'Europe, j'en fus immensément troublé.

Hélas, ma mère ne voulut pas conserver cet auguste squelette dans notre salon ; elle en avait peur. Il fallut installer Talleyrand dans le grenier où, chaque week-end, je venais lui rendre visite, ôter les toiles d'araignée qui l'importunaient. Parfois, j'improvisais des discours en sa présence, pour donner plus de solennité à mes premières tentatives oratoires. Je me croyais alors à la Convention, en 1793. J'ai même lu a ce squelette très patient l'appel du 18 juin, avec ferveur, en parlant dans un faux micro ancien qui provenait du tournage de *Borsalino*; car, dans ce grenier extraordinaire, s'accumulaient les souvenirs des films du Zubial et des amants de ma mère.

Et puis, un jour, j'ai ouvert par hasard une revue médicale, chez mon grand-père maternel, chirurgien à la retraite. Il y avait là, devant moi, une photographie des os d'un pied bot. J'ai alors compris que le Zubial m'avait menti, froidement. Le squelette non déformé de mon grenier ne pouvait pas être celui de Charles Maurice qui, lui, était affligé d'un pied bot.

Je profitai d'un dîner au restaurant avec ma mère et le Zubial pour mettre un terme à ce mensonge qui me navrait, en exhibant la revue. Gêné, le Zubial se racla la gorge et but un grand verre d'eau minérale.

— Mais alors, fit ma mère inquiète, c'est le squelette de qui?

Mon père commença alors une longue digression, pleine de pirouettes qui ne servaient à rien sinon à éviter de répondre clairement. Ma mère l'interrompit et le somma de nous dire enfin qui était le squelette suspendu dans notre grenier!

— C'est..., finit par marmonner le Zubial, il s'agit de... oui, de Paul.

— Paul qui?

— Paul Morand.

Ma mère poussa un cri, plus violent encore que le hululement affolé de Jeanine lorsqu'elle avait ouvert la porte du salon. Le restaurant entier se retourna. Le

Zubial nous expliqua alors que Morand avait légué à mon oncle, Gabriel Jardin, les droits de la partie de son œuvre publiée ailleurs que chez Gallimard, et son corps à la science, sous réserve que son squelette d'écrivain, une fois nettoyé, revînt à mon père.

Cette disposition testamentaire était tout à fait symptomatique de ce que le Zubial pouvait susciter chez les autres. En face de lui, presque tout le monde se mettait à penser des choses singulières ; il révélait la folie latente des êtres qui, pour lui plaire, lui faisaient parfois cadeau de décisions extravagantes.

Le Zubial nous précisa que Morand avait indiqué dans son testament : *Je désire que mon squelette rie de toutes ses dents devant Pascal Jardin, jusqu'à sa propre mort.* Ne sachant trop comment nous présenter la chose, papa avait eu l'idée de nous faire croire que ces ossements étaient ceux de l'évêque apostat. Cette solution, nous expliqua-t-il, avait le mérite de me faire plaisir et ne pas trop effrayer ma chère maman.

— Un vieux squelette, ça fait moins peur que celui de quelqu'un qu'on a connu, non ?

Ma mère était blême, effarée que le Zubial ait pu se livrer à une telle comédie, qu'elle jugeait macabre et de mauvais goût. Il est vrai qu'il y a quelque inconvenance à suspendre le squelette de l'amant de sa propre mère dans le grenier. Moi, je repensais à tous les discours véhéments et sincères que j'avais déclamés devant les restes du grand écrivain, au lieu de m'adresser directement au ministre de Napoléon ; cette méprise me chagrina fort. Notre dîner tourna court. Il fallut quitter le restaurant avant le dessert. Ma mère

172

exigeait que Paul Morand décampât de Verdelot le soir même. Mais comment s'en débarrasser ?

L'affaire fut d'une complication extrême. Personne n'accueille un squelette avec simplicité dans son living-room, et le Zubial s'opposait à ce qu'on l'enterrât sans façon au fond du jardin. Nous songeâmes un temps à en faire don au musée de l'Homme, mais le conservateur ne voulut pas de Paul, au motif que son passé politique était suspect ; et puis ce n'était pas la vocation de son établissement d'accueillir les gens de lettres. Il fut également impossible de le faire admettre dans un cimetière ordinaire. L'opération exige un permis d'inhumer et nous ne trouvâmes aucun médecin légiste qui acceptât de constater la mort de l'auteur. Le Zubial, lui aussi, refusait de prendre cet encombrant pensionnaire chez lui, sous le prétexte que sa mère, encore éprise du souvenir de Morand, en concevrait de la contrariété. Alors mon père eut une idée qui nous sauva de ce mauvais pas.

Par l'intermédiaire de la bouchère d'un village situé non loin de Verdelot, Paul Morand fut donné à une école communale de Seine-et-Marne, à la grande satisfaction du maître, ravi de cette acquisition pédagogique, utile pour les classes d'éveil. À ce qu'on dit, les enfants de ce patelin en sont fort contents. C'est ainsi que se termina la carrière du grand styliste. Homme d'une droite rigide et élitiste, intime de Proust, épris de catégories héréditaires, Morand est aujourd'hui pendu au plafond d'une école républicaine où l'on enseigne la liberté, l'égalité et la fraternité, parce qu'il rencontra un jour le Zubial.

173

Croiser mon père faisait souvent bifurquer les destins que l'on croyait les mieux établis. Le Zubial s'y entendait à merveille pour brouiller les cartes du sort. Sa passion était de rectifier les trajectoires des uns et des autres en y mettant de l'ironie. Je crois qu'il redoutait par-dessus tout que les gens qu'il aimait, et lui-même, ne se transforment en empaillés à force de cultiver des certitudes.

Soudain, alors que ma plume court, un doute m'arrête : et si le Zubial m'avait une fois de plus menti ? Après tout, qui me dit que ce squelette était bien celui qui soutint la carcasse de Paul Morand ? Papa était parfaitement capable d'avoir fabulé et de s'en être persuadé, tant était vif son besoin de faire de la résistance contre la réalité. Pourtant, ce squelette avait des jambes arquées de cavalier, comme celles de l'auteur de L'Homme pressé. Alors...

Mais peu importe, l'essentiel est qu'il existe des êtres merveilleux, des Zubial toujours enclins à faire de l'existence une comédie vraie digne d'être vécue. Plus le temps passe, plus la normalité à haute dose m'asphyxie, moins je me console de croupir dans une époque sérieuse. Le Zubial aurait-il pu être lui-même en cette fin de XXe siècle ? Il est vrai que le Paris des années soixante-dix fut un zoo dans lequel vivaient en liberté de bien curieuses espèces. Se sont-elles éteintes ?

Il y a un épisode hautement cinglé sur lequel je souhaite revenir : ce qui arriva la nuit et le jour qui suivirent la soirée où le Zubial et Manon gagnèrent une fortune rondelette au casino de Deauville. On se souvient que je m'y trouvais en compagnie de John, mon correspondant anglais ravi de découvrir nos mœurs qu'il croyait être celles des Français.

Après avoir encaissé ce pactole inespéré, le Zubial ne nous ramena pas à Paris directement. Il jugea les circonstances suffisamment exceptionnelles pour se ménager une halte de réflexion. Aussi avons-nous emménagé le soir même dans une suite de l'hôtel Normandy. L'irruption de Manon à la réception, toujours vêtue de paillettes et de quelques plumes d'autruche, fit sensation ; elle n'avait rien d'autre à se mettre. L'Anglais nous suivait de près, sans que le cours des événements n'altère son humeur égale.

À peine installés dans nos chambres, papa nous déclara que ces sous tombés du ciel étaient une calamité et que, à ce titre, il fallait nous en défaire dans les plus brefs délais.

— Calamity! Calamity! ne cessait-il de répéter à John, en montrant avec angoisse une petite valise remplie de billets de banque.

Je n'ai d'abord pas bien compris sa rage d'abandonner cet argent, Manon non plus. Au contraire, elle était heureuse que le Zubial fût désormais en mesure d'augmenter la poésie du monde, et de soulager un certain nombre de souffrances. Avec sincérité, elle se félicitait que cette somme vertigineuse fût tombée entre les mains d'un homme tel que lui, dont les désirs illimités et l'invention galopante trouveraient à ces capitaux des emplois enthousiasmants et généreux. Mais le Zubial, lui, paraissait accablé.

En massant ses pieds, nous réussîmes à l'apaiser un peu et à le convaincre de se coucher; ce qu'il fit de mauvaise grâce, après avoir fait monter dans sa chambre deux litres de thé qu'il but séance tenante pour *se purger de ses humeurs*, ainsi qu'il aimait à le dire.

Mais, au milieu de la nuit, nous fûmes réveillés par ses glapissements dus à une crise de coliques néphrétiques. Un toubib appelé à la rescousse lui injecta ce qui convenait pour atténuer sa douleur; le Zubial fit alors une allergie au produit et se mit à gonfler comme une baudruche. C'était épouvantable à voir. Un autre médecin fut convoqué, aussi inapte que le précédent à saisir les subtilités de la psychologie zubialesque; on l'expulsa, non sans avoir pioché quelques billets dans la valise, au grand étonnement du toubib, pour le rémunérer de son incompétence. Enfin il fallut faire venir Madame Wang, qui rappliqua expressément de Paris. C'est elle qui, après lui avoir planté quelques aiguilles dans les oreilles, obtint à l'aube une décongestion de la bête et formula le bon diagnostic :

— Il ne supporte pas...

— Quoi? fit Manon.

— L'opulence, la richesse.

Deux lavements plus tard, le Zubial surgit de sa chambre en peignoir, ravagé par cette nuit de détresse physique et morale. Il nous expliqua alors qu'il se sentait incapable de faire face à une absence de stress financier. Toujours il avait vécu dans un naufrage économique luxueux qui le maintenait sur le qui-vive : ses revenus étaient immenses, ses dépenses l'étaient encore plus et de ce déséquilibre naissait l'équilibre dont il avait besoin pour se sentir suffisamment en danger et écrire dans une saine panique. Cette confession du Zubial présentait tous les symptômes de la sincérité. Il avait sur le visage cet air d'enfant perdu qui signalait chez lui un désarroi authentique.

— Je suis contre le confort, conclut-il.

Pour se soulager au plus tôt, il sortit un stylo et un papier, inscrivit la somme qu'il avait récoltée pour en soustraire sa mise, le prix de l'hôtel, le coût d'une robe pour Manon et de deux paires de patins à roulettes pour John et moi. Puis, lorsqu'il eut achevé sa soustraction, il rédigea un chèque du montant restant qu'il expédia à la Croix-Rouge ; et alors, nous le vîmes sourire en cachetant l'enveloppe qui le libérait du tracas de vivre sans soucis d'argent.

Cet instant me reste comme un grand moment d'irréalité, fascinant et terrifiant de légèreté. J'y ai repensé par la suite, quand ma mère dut affronter les urgences de la nécessité, après la mort du Zubial. Sans délai, elle s'était mise à travailler pour nous élever et, à cette époque, j'en voulus à mon père de la voir peiner, qu'il n'eût ce jour-là pas même songé à éteindre ses dettes fiscales qui nous poursuivirent bien après qu'il se fut carapaté.

Un soir que je sentais ma mère lasse, après une journée de boulot, je lui ai raconté cet épisode ; elle m'a répliqué sans hésiter :

— Ton père a bien fait.

Je l'ai considérée comme si elle avait, elle aussi, perdu le bon sens, et n'ai saisi la beauté de sa réponse que des années plus tard. Ce n'est que récemment que j'ai senti combien le besoin de sécurité peut asphyxier l'âme ; jusqu'alors, je ne percevais pas à quel point l'assurance de perpétuer ses habitudes est un opium nocif pour les êtres voués aux grandes acrobaties. Riche d'autre chose que de ses dettes, le Zubial eût été castré. Son imagination était fille de ses angoisses, ses talents multiples naissaient des difficultés innombrables qui le cernaient et qu'il ne cessait d'augmenter. Ma mère était du même bois, fait pour plier dans la tourmente sans jamais rompre. Tous deux avaient la passion de s'exposer, de ne jamais se protéger du destin, pour mieux rebondir. Leur amour se renouvelait en les blessant et s'enrichissait des tempêtes qu'ils traversaient ensemble.

À Deauville, après avoir posté son chèque exorbitant pour la Croix-Rouge, le Zubial s'était montré d'excellente humeur. Nous terminâmes la journée sur les planches qui bordent la plage, à faire du patin à roulettes avec John. Je ne savais plus ce qui était le plus ahurissant : que mon père eût gagné cette fortune mirobolante ou qu'il s'en fût séparé avec une telle désinvolture. Il était joyeux, enchanté de marcher au bras de Manon qui était excessivement belle. Avec ardeur, il nous bricolait des histoires, inventait de nouveaux épisodes de la vie de Talleyrand, projetait de jouer bientôt avec moi au tennis en conservant les presses de sa raquette en bois, afin de ne pas contrôler la trajectoire de ses balles et de les frapper plus fort.

J'étais heureux, qu'il le fût enfin et d'être le fils d'un homme aussi dramatiquement libre. L'espace d'une nuit, nous avions été plusieurs fois millionnaires, comme dans un songe ; et puis, librement, le Zubial avait opté pour la poursuite de son destin aventureux. Il m'avoua même, avec un vrai plaisir, que son compte en banque était alors à découvert. Cet après-midi-là, notre impécuniosité fut notre luxe ; je me sentais riche d'être un Jardin.

Un jour que je rangeais mon bureau, j'ai retrouvé la fausse carte d'identité du Zubial au nom de Julien Dandieu. Sans doute se l'était-il fait fabriquer par un accessoiriste de cinéma, ces artisans de l'impossible. Elle mentionnait une adresse ; j'eus la curiosité de m'y rendre, sans rien espérer de précis. Ce que j'y découvris me laisse encore perplexe, me pénètre du sentiment de n'avoir pas bien connu les facettes contradictoires de mon père. Mais sait-on jamais qui sont les êtres ?

C'était à Paris, dans le XVIIIe arrondissement, au fond d'une impasse pavée qui semblait un décor de Trauner. Je furetais dans le hall de l'immeuble lépreux quand soudain j'aperçus une boîte aux lettres sur laquelle était écrit le faux nom du Zubial, celui qu'il avait prêté à tant de ses personnages de fiction : Julien Dandieu ! Un instant, cela ne me parut pas réel ; pourtant l'étiquette était formelle. Monsieur Dandieu habitait bien ici, au quatrième étage.

J'ai alors pris peur, pour une raison qui m'échappe ;

181

je me suis enfui. Cette découverte quasi fantastique ne laissa pas de me troubler les jours suivants, et de m'inquiéter. Ce n'est qu'une semaine plus tard que je résolus de faire une visite à ce héros de mon père, ou à son homonyme.

Il devait être vingt heures ; les fenêtres éclairées du quatrième étage signalaient une présence. Je suis monté, avec une panique sourde, et me suis forcé à sonner. La porte s'est ouverte ; tout à coup j'ai vu mon oncle Simon, vêtu d'un smoking. Il tenait la porte, avec un air d'enfant surpris en pleine action délictueuse.

— Qu'est-ce que tu fais là ? m'a-t-il demandé.

— Et toi ? C'est qui Dandieu ?

La réponse semblait si complexe qu'il ne parla pas tout de suite, me fit entrer et se servit un verre de vin avant de tenter de s'expliquer. Tout de suite, une chose me frappa : ce deux-pièces était rempli d'habits divers et prodigieusement variés, suspendus à des cintres. On eût dit un magasin de location de vêtements, ou une réserve de costumier.

Simon était le frère aîné du Zubial ; son décès récent m'autorise à révéler cet insolite secret qu'il partageait avec mon père. Depuis l'âge de huit ans, les deux frères — en tenant le plus jeune, Gabriel, à l'écart — jouaient à *Julien Dandieu*. Ce personnage qu'ils avaient imaginé ensemble, alors qu'ils étaient encore enfants, avait pour caractéristique de n'en avoir aucune ; tel le caméléon, Julien Dandieu était toujours en devenir. *Jouer à Dandieu* signifiait donc se couler tour à tour dans la totalité des personnages que l'on porte en soi,

182

ne renoncer à aucune de ses aspirations, fussent-elles opposées.

Ce jeu clandestin de gamins, Simon et le Zubial n'y avaient jamais renoncé ; ils le perpétuaient en stockant leurs déguisements dans ce deux-pièces acheté en douce par mon père en 1959. Personne dans la famille n'était au courant. Toutes leurs vies parallèles, dont la juxtaposition eût semblé inacceptable à leurs proches, partaient d'ici et y aboutissaient, qu'elles fussent éphémères ou durables. Ils se regardaient l'un et l'autre comme des acteurs du réel dès qu'ils sortaient de ce bâtiment.

À la mort du Zubial, Simon avait continué seul à flotter au-dessus de la réalité, en venant de temps à autre emprunter l'un des rôles que contenait leur garde-robe secrète. Son obstination tenait autant à son goût d'être multiple qu'à sa fidélité à son frère.

— Et toi, qu'est-ce que tu joues ce soir ? lui ai-je demandé, effaré.

— Arsène Lupin, dit-il sans plaisanter. Je vais dîner chez une femme du monde que j'ai rencontrée dans le train, en revenant de Suisse. Je vais essayer de la cambrioler pendant le repas et demain je lui ferai livrer ses propres bijoux, ou ce que j'aurai trouvé, avec un petit mot qui est prêt, regarde...

En quelques lignes, d'un tour désuet et charmant, il informait la dame que sa beauté lui valait cette restitution ; et il signait *Arsène Lupin*. C'était à la fois comique et ridicule de le voir s'apprêter à jouer une telle farce alors qu'il approchait les cinquante-cinq ans ; mais je fus bouleversé de retrouver en lui un peu de la fantaisie du Zubial. Les deux frères avaient cela en commun qu'ils ne consentirent jamais à entrer dans l'âge adulte, à rompre avec le merveilleux de leur petite enfance.

Simon n'appartenait pas au monde réel, alors que, si le Zubial savait s'en extraire, il était apte à le réintégrer. Mon oncle, lui, en était parfaitement incapable; il ne savait qu'exagérer. Vous donnait-il rendez-vous? L'heure n'était qu'une très très vague indication; il lui arrivait de surgir deux jours plus tard dans votre salon et de vous embrasser sans la moindre gêne, avec une gaieté folle. Et s'il décidait de vous emmener au cinéma à quatorze heures, vous pouviez en chemin vous arrêter sept ou dix fois, chez des gens improbables, au gré de ses désirs lunatiques et des urgences qu'il s'inventait pour, finalement, entrer dans une salle obscure à la dernière séance, sur le coup de vingt-trois heures, après avoir rendu visite à un ministre plaintif, promené les chiens d'une avocate qu'il vénérait, joué une partie de bridge chez une vieille milliardaire, réparé le chauffage central d'une star anorexique, goûté à quelques gâteaux à la crème dans l'arrière-boutique d'un tailleur inspiré ou étudié les propriétés d'une résine de synthèse dans une bibliothèque scientifique.

Il n'eut jamais de métier ordinaire mais s'occupa de beaucoup de choses, tenta de réformer la bourse de Zurich et ruina en moins de trois mois son employeur grâce au lancement d'une SICAV dite chrétienne qu'il avait élaborée avec fièvre, puis il se lança dans quelques projets grandioses qui étaient aussi poétiques

184

que saugrenus. Autodidacte de génie, cet ingénieur fantasque concevait et fabriquait des machines à faire disparaître des magiciens sur scène, à faire marcher tout seuls des squelettes humains, à soulever les prestidigitateurs dans les airs, au-dessus du public, mais il avait le plus grand mal à exécuter les tâches qui constituent le quotidien des gens normaux. Il ignorait, je crois, l'art de prendre le métro ou de composter un ticket de bus. À ses yeux, la légalité était un concept aussi flou que pour sa mère ; il ne déclara jamais ses revenus, car il ne jugeait pas vraiment utile d'en avoir. Désargenté, il fut pourtant l'un des êtres les plus généreux que j'ai connus.

Quand le Zubial mourut, Simon me resta le seul lien vivant avec la folie de mon père. Son extrême singularité, sa noblesse immense, à un point qui semblera inconcevable, me le faisaient aimer avec la plus vive tendresse. Aussi me suis-je affaissé, sans trop le laisser paraître, quand il s'éteignit à son tour en 1995. Il me semblait en l'enterrant que c'était une race d'hommes à qui l'on disait adieu. Simon était le dernier des Jardin véritablement Jardin ; lui seul parmi les survivants appartenait à ce club de dinosaures exemptés de réalité.

Ma grand-mère s'effaçait déjà dans ses propres souvenirs, bien qu'elle persistât pendant un an à nous faire croire qu'elle était encore parmi nous. Le spectre de la normalité hante désormais notre famille et ma propre existence. Parfois je me demande si ma réaction face aux excès chroniques du Zubial ne fut pas trop vive, si ma frayeur, au lendemain de sa mort, ne m'a pas conduit sur des chemins trop protégés. Ai-je renié mon sang Jardin ? Mais comment être le fils du Zubial sans mourir jeune ?

Après la disparition de Simon, je me suis retrouvé avec la clef du deux-pièces de Julien Dandieu ; il y avait là des dizaines de costumes à ma taille, ceux du Zubial. Aurai-je un jour le cœur de faire revivre ces fracs, ces tenues de gentleman-farmer, de dandy, de motard clouté, de prêtre, d'officier de marine ? De me glisser dans les personnages qu'ils suggèrent ? À la concierge de l'immeuble, je me suis présenté comme le fils de Monsieur Dandieu. Elle m'appelle ainsi quand nous nous croisons ; car je n'ai pu me défaire de cet appartement clandestin. Pour une raison que je n'ai pas encore éclaircie, l'acte de propriété est au nom de Julien Dandieu, qui n'exista jamais. Cette réserve de personnages est donc légalement invendable. Je m'en sers parfois pour venir y écrire au calme. La vue plongeante sur Paris est un régal. L'héritage Jardin est décidément bien compliqué...

Après avoir joui d'une enfance pareille, pourquoi ne suis-je pas devenu fou ? À fréquenter le Zubial, j'aurais fort bien pu me fâcher définitivement avec les contraintes de la vie adulte ou m'exiler dans les paradis chimiques qui tiennent loin de la douleur d'être soi. Sans doute est-ce par terreur de perdre le contrôle de moi que je n'ai jamais pu siffler un verre d'alcool ou goûter à une drogue, tant je sais fragile mon maintien dans la réalité.

Tous mes raidissements sont des freins pour ne pas me laisser gouverner par mes désirs, comme le Zubial le faisait. Je me méfie de ses gènes qui, toujours, me portent à confondre mes envies les plus vives et la vérité. Je sais que mon hérédité m'incline à voir sans cesse les êtres tels que je les rêve. Quinze années aux côtés de mon père m'ont dressé au déni radical des inconvénients qui gâtent le réel. En le regardant exister, je m'étais accoutumé à l'idée que l'on pouvait désobéir continûment à ses peurs, avec quelque chance de succès. Un voisin se montrait-il pénible ? Il suffisait de tirer trois coups de fusil dans ses volets pour calmer ses vociférations. Une femme appétissante surgissait-elle dans la rue ? Il n'était pas exclu de la culbuter dans l'heure, et de redessiner son existence en projetant sur elle mille souhaits ardents.

Comment ai-je vécu ce désordre sans fin ? Au risque de paraître faux, je dirai que tout cela me sembla normal, du moins jusqu'à l'âge de douze ans. Mes copains de classe étaient certes intrigués par le fonctionnement ubuesque de notre maison ; mais seuls les plus audacieux m'interrogeaient sur le statut des hommes de ma mère.

— C'est qui Pierre ?

— Ben... c'est Pierre.

— C'est l'amant de ta mère ? Et Jacques, c'est qui ?

— Ben... c'est Jacques.

C'est par eux que je m'aperçus de la bizarrerie de mon clan. Mais je regardais mon quotidien comme la vie, je dirais même comme la vraie vie ; et si les amours de mes parents me terrifiaient parfois, j'étais enchanté d'être moi plutôt que le fils de gens prudents. Pour rien au monde, je n'aurais troqué le bastringue féerique de Verdelot pour les mornes week-ends que mes amis subissaient dans leurs familles réglées.

Et puis je n'étais pas seul dans la tourmente. Frédéric, mon petit frère, et moi formions une République autonome, tenue à l'écart de notre grande sœur Barbara que nous adorions mais que notre mère élevait un peu à part. Cette alliance indéfectible nous tenait lieu de stabilité, d'assurance tous risques. Avec lui, je me savais à l'abri des plus forts coups de vent ;

et il y en eut d'inattendus... Nous ne discutions jamais de l'actualité chahutée de notre famille, mais nous ne doutions pas que le soutien de l'autre nous était acquis, pour l'éternité.

Ma mère me sauva également du tremblement de terre qu'elle contribuait à provoquer chaque jour ; c'est peut-être là l'une de ses plus belles contradictions. Elle était la femme du Zubial, avec tout le lot d'excès que cela supposait, mais dans le même temps elle me donna une éducation assez solide. Son admiration exigeante me tint lieu de filet.

Si elle menait ses amours de façon peu catholique, elle me plaça longtemps dans un collège austère où l'on cultivait des vertus très chrétiennes qui me déroutaient. M'avisais-je de rapporter à la maison un carnet de notes déplorable ? Atterrée, elle me demandait ce qui s'était passé, avec un ton qui sous-entendait que je devais être gravement malade, ou souffrir d'un accès de bêtise. Humilié plus vivement que par une réprimande, je ne recommençais pas.

Elle se donnait un quotidien romanesque mais entendait que le nôtre fût rigoureux. Avions-nous quelques heures de libres le mercredi ? C'était pour faire de mon frère et moi des judokas émérites, des joueurs de tennis, de foot, des tireurs à l'arc, des coureurs de fond, des nageurs, des lanceurs de poids. Mon enfance fut un interminable parcours du combattant. M'approchais-je d'une côte ? Je devais illico apprendre à naviguer. Neigeait-il quelques flocons ? Je préparais aussitôt mes bagages pour m'exiler dans une station de sports d'hiver où il me faudrait skier huit heures par jour, puis patiner sur la glace jusqu'à extinction de mes forces. Un poney-club s'ouvrait-il près de chez nous ? Les concours hippiques entraient aussitôt dans mon agenda. Tout, tout, il fallait pratiquer sans mollir tout ce qui était susceptible de nous former le caractère et d'affermir nos petits muscles. Ses amants étaient chargés de la mise en œuvre du programme. L'un m'apprenait le tennis, à l'aube les dimanches matin, l'autre me conduisait à mon club de cheval le mercredi.

Le Zubial, lui, regardait tout cela avec fascination. Il tenait le sport pour une activité exotique, réservée aux Anglais ou aux grands asthmatiques. Taper dans un ballon le tentait aussi peu que l'homosexualité, ou la pratique du badminton. Mais il était ravi que sa femme veillât sur notre éducation.

Je crois aussi que ma mère me préserva de paniques excessives en m'écoutant toujours avec une attention formidable. Jusqu'au jour de la mort du Zubial, je ne me suis jamais senti seul dans mes désemparements ; certes, je les taisais, car je ne la sentais pas disposée à les entendre, mais notre complicité sur d'autres sujets me faisait chaud au cœur. Son obsession semblait être de me donner la force de surmonter les inquiétudes qu'elle m'infligeait par ses choix de vie. Elle me blessait et, dans le même temps, m'apprenait à me soigner, à faire face. Tout en me déstructurant par sa conduite de femme, elle fut assez mère pour me bâtir une colonne vertébrale qui me permît de tenir le coup. Mon frère Frédéric et ma sœur Barbara connurent peut-être une autre réalité ; la mienne fut celle-là.

Mais je pense que l'événement décisif qui me permit de rester debout fut... la mort du Zubial ; c'est elle qui me fit rencontrer le monde réel, et m'en dégoûta. Quelle violence ! Mais ma souffrance fut ma chance.

Grandir en face de lui m'aurait condamné à demeurer un fils, je le sais. Ou à mal tourner. Si les acrobaties séduisantes de mon père s'étaient prolongées, j'aurais fini dans la peau d'un spectateur subjugué, d'un velléitaire pathétique, de son imitateur ou de son plus violent contradicteur. Peut-être me serais-je même tiré une balle dans la tête, comme mon frère Emmanuel, par désespoir de n'être que moi. Au lieu de cela, le Zubial me laissait la place.

À quinze ans, j'étais libre de saisir le seul remède aux dérèglements qu'il avait instillés dans mon esprit, le seul contrepoison susceptible de me soulager du chagrin d'être moins vivant que lui : l'écriture.

Parfois, il me semble que je n'ai pas seulement plongé mes mains dans l'encre pour lui ressembler, mais surtout pour réussir, enfin, à tolérer le réel qu'il m'a fait désaimer. Sous ma plume, je fais surgir des situations que lui aurait su mettre en scène *in vivo*. Le temps d'un roman, mon existence se pare des couleurs qu'elle avait jadis, quand il riait à mes côtés. À trente-deux ans, je me dédommage encore de vivre sans lui en écrivant.

Mais, à mesure que j'en prends conscience, il me semble que cette maladie de l'écriture me quitte et que, bientôt, ma plume me mènera sur d'autres chemins. Il y a tant de façons d'être écrivain...

— Mon chéri, n'oublie pas que nous sommes avant tout des amants, me murmure-t-il au téléphone.

J'ai quinze ans. Le Zubial est amoureux, mais cette fois de ma mère. Son corps est boursouflé de métastases, ses défenses immunitaires sont au plus bas. Nous n'avons pas le droit de nous voir, ni de nous parler de vive voix car je subis une méchante grippe ; la lui refiler pourrait être fatal à son organisme fatigué. Bien que nous soyons dans le même appartement, séparés par une mince cloison, nous nous parlons donc par téléphone. Il me dit sa passion pour ma mère, celle qui lui donna un avant-goût de l'éternité, qui l'épousa pour demeurer sa maîtresse.

Maman est dans ma chambre, en train de trier mes vêtements. Je lui fais signe d'approcher et lui tends l'écouteur ; en ce temps-là les appareils possédaient cet appendice qui ne permettait que l'écoute. Elle entend alors ce moribond joyeux qui me dépeint son émotion devant la nature réelle de sa femme, son trouble de la voir encore telle qu'au premier jour. Il me parle d'elle comme de sa boussole, de son espérance. Elle est son Amérique, celle qu'il ne cessera jamais de découvrir. Il me confie son rêve de connaître un jour la Vérité de cette petite fille de quarante-trois ans, son désir de l'utopier sans relâche tout en l'aimant pour ce qu'elle est réellement. Il m'explique alors que son imagination ne prête pas à ma mère des qualités qui lui feraient défaut, non, elle lui en suppose simplement d'autres moins visibles, en agissant à la manière d'un outil de connaissance intuitive.

Et je vois ma maman qui se met à pleurer, de surprendre cette confession brûlante d'un père à son fils. Cet instant est parfait ; un bonheur souverain me possède. Que la Providence m'eût placé dans cette position de trait d'union entre ces deux amants, une fois dans ma vie, me reste comme une joie ineffaçable.

À quinze ans, j'apprends ainsi que reparler d'amour est encore plus beau que d'en parler. Que rêver une femme peut être une manière de rendre hommage à ce qu'elle est en vérité. Que ma dignité n'est pas d'être un mari mais un amant. Qu'il n'y a pas d'autre issue que d'entendre ce que les femmes nous disent pour devenir soi, comme si par leurs reproches elles veillaient à ce que nous ne nous perdions pas. J'apprends que leurs besoins sont nos guides. Qu'aimer est la seule activité qui fasse de nous des mieux que nous.

Ces certitudes qui me constituent, je les tiens de cet homme qui fut sans doute l'un des amants les plus déroutants de ce siècle. Si je suis l'un de ses fils, c'est

194

peut-être moins par les gènes que par le cœur. Au fond, il me semble que, par les voies de cette hérédité-là, tout le monde peut devenir un fils de Zubial.

Juillet 1980. Le Zubial est mourant, mais personne n'y croit. Son corps est constellé de métastases grosses comme des œufs de pigeon, et il rit encore. Sa vitalité enjôleuse nous jette de la poudre aux yeux, à nous qui ne voulons pas voir. Est-il fatigué par moments ? Nous l'avons tous tellement vu jouer au malade alors qu'il était bien-portant que chacun en sourit.

Refusant sa propre inquiétude, ma mère a décidé de m'expédier en vacances, dans les Alpes du Sud, où l'on m'initie à la varappe. Si j'ai de temps à autre le vertige, ce n'est pas parce que je suis sur le point de tomber dans le plus grand gouffre de ma vie mais en raison de la déclivité affolante des pentes que j'escalade. Naturellement, je suis amoureux, sans retenue. D'une fille ? Non, d'un corps charmant, celui d'une étudiante dont les formes m'enthousiasment. Elle est hollandaise ; je me découvre un vif intérêt pour les Pays-Bas. Chaque soir, je m'introduis dans sa tente, à l'insu de nos moniteurs, et m'émerveille de n'être pas homosexuel. Plus je goûte à sa peau plus je m'éprends

197

de l'esprit que je lui suppose ; trois jours de ce régime me persuadent que je tiens enfin la femme qui portera mon nom.

Aussitôt, comme à mon habitude, je forme le projet de l'enlever dès que notre stage d'alpinisme s'achèvera, pour l'attacher à mon destin. Mes quinze ans ne me semblent pas un obstacle ; ses dix-huit ans l'autorisent à m'aimer librement. L'avenir de mon cœur me paraît assuré. Déjà je lui expose mon intention de lui faire sous peu d'innombrables petits.

Pour des raisons qui m'échappent, j'étais à l'époque en proie à un violent appétit de reproduction, alors que j'étais moi-même encore un enfant. Mais je ne m'en apercevais pas ; et j'étourdissais de tant de paroles mes amoureuses qu'elles n'éprouvaient pas le besoin de me raisonner, même si elles se montrèrent plus prudentes que moi, grâce à Dieu.

Nous campions au milieu de hautes herbes quand un orage nous contraignit à nous replier deux jours dans une grange de montagne. Que se passa-t-il alors dans mon cerveau ? J'eus soudain le besoin d'écrire au Zubial, pour lui dire que j'étais fier d'être son fils et lui révéler ce que je comptais faire de mon existence lors du prochain demi-siècle. Comme je ne disposais pas de table dans notre abri improvisé, je me suis appuyé sur le dos de ma maîtresse pour rédiger cette lettre insensée, griffonnée sur les pages d'un petit carnet rouge à spirale.

Saisi par une urgence qui me trouble aujourd'hui, je lui ai avoué tout ce que je comptais faire des facultés qu'il m'avait léguées, avec une intuition qui, jusqu'à présent, s'est révélée juste. Je n'en dirai pas davantage, car le contenu de ce texte prophétique et terriblement naïf ne regarde que nous deux. Je lui ai tracé avec fièvre les étapes de ma future biographie. Ma plume filait, comme portée par un désir irraisonné de rassurer le Zubial sur le destin de son sang.

Pourtant, je le répète, sa mort me semblait hors sujet. Pas un instant, je n'eus le sentiment de lui confier un ultime message. Mes amours me poussaient même vers un optimisme qui va souvent avec le plaisir d'aimer. Il est vrai qu'écrire sur le dos de la femme que l'on croit adorer n'est pas une activité qui porte à la morosité.

Ma lettre l'atteignit avant qu'il ne meure. Le Zubial la lut et convoqua aussitôt ses amis les plus chers pour leur en donner lecture. Dès mon retour, au bras de la très provisoire femme de ma vie, il voulut m'en parler, mais nous n'en eûmes pas le temps. Je devais repartir pour la Suisse illico. Quelqu'un m'appelait dans l'ascenseur pour que je me hâte ; nous avions à peine le temps d'attraper un train pour Vevey. Alité, mon père eut seulement la présence d'esprit de me lancer :

— Alexandre, fais-le, mais seulement si tu y crois vraiment.

Ses yeux me donnèrent sa confiance.

Je sortis de sa chambre, pour ne plus jamais le revoir. Huit jours plus tard, le Zubial était enterré au bord du lac Léman, avec mon petit calepin rouge sur le cœur. Mes paroles l'accompagnaient dans l'au-delà ; elles lui tiennent encore chaud. Commençait alors le long trajet qui me mène à ce livre, ces douloureuses années de lutte pour tenter de me relever de son départ. Y suis-je parvenu ? Il me semble parfois que si j'ai guéri, mon chagrin de fils, lui, survivra à ma guérison.

Paris, le 24 mai 1997

Papa,

Pendant dix-sept ans, j'ai essayé de me faire croire que je n'étais pas ton fils, que ton sang n'était pas descendu jusqu'à moi. Avec obstination, je me suis attaché à effacer de mon caractère les traits et les élans qui nous étaient communs ; et, dès que je sentais rejaillir en moi les bourgeonnements de ta sève, je m'amputais de mes désirs les plus vifs, de cet esprit de cabriole qui était le tien et avec lequel j'étais en litige. Sans cesse j'ai émoussé la fantaisie de mon caractère, à défaut de réussir à la congédier tout à fait. Avec brutalité, je me suis interdit d'être Jardin, j'ai tenté de me rectifier, de me délester de cet excédent de folie que tu m'avais légué.

Mes romans furent aussi pleins de vitalité, de joie et de liberté que mon existence en était vide. Obéir à mon tempérament de furieux me faisait si peur que je m'étais inventé une autre nature, toute en raideur, en

201

refus des belles imprudences. N'être pas toi fut la maxime qui régla ma conduite ; avec constance, je me suis dézubialisé. Peu de temps après l'effet de souffle de ta mort, mon corps a même oublié qu'il aimait danser ; il s'en souvient à peine. Très vite, je me suis appliqué à ne pas vivre la nuit, à fuir le Paris nocturne dans lequel tu jouais les rôles que tu te distribuais avant de les recycler dans tes écrits. J'ai dit non à tout ce qui pouvait me faire perdre le contrôle de moi-même.

Dès vingt-trois ans, je me suis empressé de me marier, avec le fol espoir de domestiquer ainsi mes instincts, d'entraver mon naturel fiévreux, avide d'amours tempêtes. Effrayé de porter tes gènes, j'ai écrit des romans ivres de monogamie, je me suis fait l'apôtre d'une fidélité exaltée ; mais dans cet excès même se marquait ma filiation. Sans cesse, j'ai lutté pour que notre nom devînt le symbole d'autre chose que de tes appétits sans limites.

Je pensais sincèrement qu'être moi passait par le renoncement aux rêves des Jardin, par une vidange en règle de mon inconscient, pour me purger de la tentation d'être aussi tragiquement libre que toi. Avec quelque raison, je te regardais comme un être infantile, un charmant irresponsable qui n'avait jamais connu la grâce d'être lui-même avec simplicité, un inquiet qui aurait dû apprendre à s'aimer un peu plus, à renoncer aux béquilles d'une séduction pleine d'artifices, bref une sorte de client idéal pour un psy opiniâtre.

Mon lent cheminement vers plus d'authenticité me confirmait dans l'idée que j'avais raison de me détourner de tes aspirations. Chaque jour je jouissais de mieux entendre ma femme, d'essayer de m'en faire écouter ; nous apprenions à déjouer les pièges récurrents de notre amour. Doucement, je parvenais à moins souffrir dans les liens tendres qui me font vibrer, et à préserver ceux que j'aime de cette part de moi-même qui m'échappe encore.

Mais... désormais je te retrouve, mon vieux Zubial, dans ce livre et en moi. Il me semble que je sors d'une longue parenthèse. Ta mort a enfin cessé de nous séparer. J'ai envie d'être à nouveau ton fils. Le goût me revient d'exister avec fureur, de m'exposer à tous les risques, de ne renoncer à aucune des nuances explosives qui me constituent.

Ce grand réveil, je le dois sans doute à ma femme, que j'ai d'abord regardée comme une digue contre mes coups de sang, et qui constamment refusa ce rôle qui ne lui ressemblait pas, qui la blessait. Toujours, elle s'efforça de me dégeler, tant elle aimait celui que je n'osais pas être, tant elle me désirait libéré de ma terreur d'être toi. C'est d'ailleurs elle qui me poussa à écrire ce livre en m'aidant à m'y autoriser ; c'est l'un de ses talents, et pas le moindre, de savoir me conduire vers ma sincérité.

À présent, je sens renaître en moi le désir de suivre avec elle les panneaux qui indiquent d'*Autres directions*. Provoquer le destin, l'aiguillonner sans relâche, me met l'eau à la bouche.

Je suis à nouveau tenté par l'euphorie de dire ma vérité, de quitter mes jolis mensonges qui valent moins que le plaisir robuste d'être réel. L'autre jour, lors d'un dîner chez des amis, je n'ai pas résisté à la tentation d'avouer que je n'ai jamais cru aux professions de foi de mes héros de roman. Autour de la table, il y eut un silence. Je me suis alors empressé d'ajouter que j'avais toujours voulu croire en leurs rêves d'amants, sans jamais y parvenir, et que j'écrivais pour tenter de me convaincre de mes propres songes. Au fond, je reconnaissais que je suis comme tout le monde : plus j'affirme mes idées, plus mes doutes me sont insupportables. Cela m'a fait du bien de me montrer à visage nu. Quel vertige que d'être soi ! Et de donner aux autres, subitement, le goût de l'être !

Je sens renaître dans mon caractère cette inclination qui me porte chaque jour davantage à me risquer. Une femme me plaît-elle ? Je n'ai plus la prudence et la lâcheté de l'esquiver. Aussitôt je m'expose à sa séduction, au péril de l'aimer, et de fracasser mon destin en tombant amoureux d'une autre alors que j'ai tant à perdre : l'amour exigeant, attentif et sublime de ma femme — et quelle femme ! —, le bonheur de mes enfants et une aventure conjugale qui ne cesse de m'étonner.

Faut-il voir un regain d'adolescence dans ce retour à tes attitudes ? Je crois plutôt que c'était auparavant que j'étais puéril de prendre le contre-pied de tes mœurs, de refuser ma complexité plutôt que d'apprendre à l'aimer en l'explorant, ainsi que tu le faisais. Et puis tu voyais si juste lorsque tu étais effaré que tant de gens se conduisent comme s'il y avait encore des grandes personnes au-dessus d'eux, pour les tancer et les renvoyer au coin.

— Il n'y a plus d'adulte pour nous surveiller, profitons-en! me répétais-tu souvent.

Tu avais raison. Profitons-en! Pour aimer sans mesquinerie, pour faire des révolutions, des films, des grèves s'il le faut, ou écrire de nouvelles Constitutions, pour embellir le réel et ouvrir les vannes de notre tendresse sans redouter de traverser des émotions périlleuses. Oui, tu avais raison de faire fi de tes trouilles, de dynamiter sans relâche tes propres limites et celles des autres; car le talent de vivre en couleurs, à voix haute, est peut-être le plus rare. La présence de tes femmes, et de la tienne, en l'église Sainte-Clotilde le disait assez. Elles savaient toutes combien la prudence est un défaut avilissant.

Alors, bien sûr, la cohorte des apeurés justifiera ses étroitesses en dénonçant ton égoïsme, en stigmatisant tes légèretés, souvent impardonnables il est vrai; mais, même si j'ai souffert par toi, je te remercie d'avoir osé être un Zubial, de m'avoir montré qu'aimer pouvait être héroïque, que le Petit Trianon était reconstructible en plein XXᵉ siècle, et qu'en existant avec une certaine intensité il était possible d'arrêter la boule de la roulette sur le bon numéro, quitte à se débarrasser aussitôt de ses gains pour connaître la joie de demeurer en danger. Merci de m'avoir donné le goût de rester sur la crête des vagues.

Papa, mon petit papa, grâce à toi je sais que les banquiers auront toujours tort, que les assureurs vivent de nos plus bas instincts, que seuls les risques existentiels nous catapultent vers nous-mêmes. Guidé par l'exemple de tes turpitudes, je vais pouvoir me livrer aux miennes sans craindre que la foudre ne me tombe sur la tête. Aujourd'hui je renoue, enfin, avec la gaieté et les fringales qui me secouaient l'âme à quatorze ans. Certes, tu n'étais pas un homme heureux d'être né ; cependant ton désespoir chronique, si pudique, n'arrivait pas au bout de ta joie viscérale, ensorcelante. Tu ne croyais pas aux passions perpétuelles, mais tu n'acceptais pas que les tiennes déclinent. Toujours ta conduite démentait ton pessimisme, comme si tu avais jugé inconvenant, et indigne de toi, de tolérer les petitesses de notre condition.

À trente-deux ans, papa, mon jeune papa, je te rejoins, tu te réveilles en moi, tu bondis sous ma plume, en éternel trapéziste. Je sens que tes yeux viennent se placer derrière les miens, que ton cœur bat dans ma poitrine ; ta vitalité m'entraîne au pays des Zubial, là où la peur n'est plus un frein, là où tout est possible, surtout ce qui ne l'est pas. Je me sais en route vers ta sagesse paradoxale, irrésistiblement attiré dans ton sillage, aimanté par ta morale inconfortable, par ta façon fabuleuse d'avoir été un homme. Mais quelle sorte de Zubial vais-je devenir ? Saurai-je réussir ma mue sans inquiéter ceux que j'aime ? En les faisant profiter de l'immense faim de vie qui monte en moi ? Aurai-je l'énergie d'explorer mes multiples facettes ?

Ces lignes sont les dernières que j'écrirai sur toi et, déjà, je panique d'achever ce livre que je repousse depuis mes quinze ans. Sur le point de te quitter une fois encore, un ultime souvenir me revient au cœur, plus qu'à l'esprit.

C'était il y a vingt ans. Nous marchions ensemble

sur une plage de Normandie. Tu me parlais du bruit de ta vie. Maman, accompagnée d'une de ses amies, suivait nos traces, à quelques mètres de nos rires. Je sentais son regard se poser sur nous ; et, volontairement, je me suis mis à adopter ta démarche, en serrant mes mains dans mon dos. J'étais tellement toi en cet instant. Je me suis retourné. Maman m'a souri ; ses yeux me disaient qu'elle avait vu notre ressemblance. À ton tour, en croisant son regard, tu t'es aperçu que ce matin-là j'étais désespérément ton fils. Ému, tu m'as souri ; un mot, un seul, aurait sali la beauté de ce silence. Tu n'étais plus le Zubial mais vraiment mon père sous ce ciel de Normandie. Je me suis alors dit que, si un jour je réussissais à m'aimer comme je t'aimais, il ferait très beau.

Ton fils,

Alexandre.

Composition Bussière
et impression Bussière Camedan Imprimeries
à Saint-Amand (Cher), le 16 juillet 1997.
Dépôt légal : juillet 1997.
Numéro d'imprimeur : 1341-4/646.
ISBN 2-07-074386-1./Imprimé en France.